Claudia Luger-Bazinger

WEIHNACHTEN VEGAN

Impressum

Bildnachweis:
Peter Barci: S. 21, 25, 31, 35, 38, 77, 81, 97, 102
Fotolia: Cover, S. 40 (B. und E. Dudziski), 51 (marysckin),54 (Brent Hofacker), 57, 91 (A_Lein), 60 (Yingko), 64 (lilechka75), 68 (Michael Tewes), 70 (irinayurchenko), 82 (Oliver Hopf), 86 (nata_vkusidey), 98 (neillangan), 105 (kzdanowska), 110 (tanjichica), 113 (anjelagr), 114 (lecic), 119 (GreenArt-Photography),120 (mizina)

ISBN 978-3-7088-0691-4

A-1010 Wien, Lobkowitzplatz 1
www.kneippverlag.com

Autorin:	Claudia Luger-Bazinger
Lektorat:	Marion Mauthe
Grafische Gestaltung:	Emanuel Mauthe, extraplan.at
Covergestaltung:	Oskar Kubinecz
Druck und Bindung:	FINIDR, s.r.o., Český Těšlín

Printed in the EU

1. Auflage, Oktober 2016

Claudia Luger-Bazinger

Weihnachten VEGAN

Festmenüs - Brunch - Cookies - Drinks - Geschenke

kneipp verlag
WIEN

Inhalt

Gestatten, ich wäre gern das Christkind

Weihnachten ist für mich die schönste Zeit des Jahres. Verschneite Landschaften, Christkindlmärkte, Glühwein, glitzernde Lichter in der Dunkelheit, der Geruch von Zimt und Zucker – all das treibt mir allein beim Gedanken daran die Freudentränen in die Augen. Während andere Leute entnervt schnauben, wenn bereits im August die ersten Nikoläuse ihr Unwesen in den Supermärkten treiben, könnte für mich das ganze Jahr Weihnachten sein. Ich liebe Lebkuchen – mein kleiner (unechter) Weihnachtsbaum wird bereits Anfang November aufgebaut – und ich höre das ganze Jahr über Weihnachtsmusik im Büro (sehr zur Belustigung meiner Kollegen). Schon als Kind musste mein Vater den Bibliothekar in unserer kleinen Bücherei daran erinnern, endlich die Weihnachtsbücher wegzuräumen, da seine Tochter auch im Mai immer noch die schönsten Wintergeschichten gelesen hat. Wenn es mit mir und Weihnachten so weitergeht, werde ich mich wohl bald umschulen lassen – auf Christkind.

Es gibt keine magischere Zeit als den Dezember – und gleichzeitig kann dieser Monat auch der anstrengendste von allen sein. Nicht nur, dass man hier Geschenke (von Herzen!) für die Liebsten finden sollte, dazu kommen groß angelegte Treffen mit den Familienmitgliedern, die man vielleicht nicht ohne Grund nur zu Weihnachten sieht. Zahlreiche Weihnachtsfeiern, an denen man nach dem dritten Punsch endlich dem netten Kollegen das Duwort anbietet oder der Chefin rührselig um den Hals fällt, gehören auch dazu. Isst man dann auch noch keine tierischen Produkte, so kann ein einfaches Weihnachtsessen zu einem ausgewachsenen Alptraum mutieren, bei dem einem allein beim Gedanken daran der Schweiß ausbricht. Was soll man servieren? Kann ich meinen Gästen Tofu vorsetzen? Wird es allen schmecken? Wird sich Onkel Wilbert beschweren, weil die Kekse trocken sind? Auch wenn ich der Adventzeit nicht ganz ihre Hektik nehmen kann, zumindest was das zuletzt Angesprochene betrifft, kann ich Ihnen unter die Arme greifen – in diesem Buch finden Sie vegane Rezepte für alle Advent- und Weihnachtseinladungen, von den obligatorischen Keksen bis hin zum festlichen Menü, Ideen für einen gemütlichen Brunch und für selbstgemachte Geschenke bis zum Rezept für den perfekten Glühwein.

Warum vegan?

Ich habe Tiere schon immer geliebt. Ich hatte nie Berührungsängste und wollte alles in meiner immensen Zuneigung streicheln – fremde Hunde, Katzen in Nachbars Garten, Schnecken, Frösche, Käfer. Wenn meine Eltern mit mir in die Ferien fuhren, dann dauerte es nur wenige Stunden, bis ich eine streunende Katze gefunden hatte, die ich unbedingt füttern musste.

Trotz meiner Tierliebe habe ich aber nie darüber nachgedacht, dass Fleisch von Tieren kommt, oder besser gesagt, dass für Fleisch Tiere sterben müssen. Ich war die klassische Fleischesserin (und ich meine das wirklich nicht herablassend): Ich konnte ein Schinkenbrot essen, während ich mir gleichzeitig im Fernsehen eine Dokumentation über niedliche Ferkelchen ansah. Für mich war Fleisch ein Produkt, das mit Tieren nichts zu tun hat und über das ich auch nie nachdachte. Fast nie. Denn gelegentlich blitzten Bilder aus der realen Welt auf, wenn in Zeitungen oder im Fernsehen berichtet wurde, wie aus Tieren ein Nahrungsmittel wird. Und es war schmerzhaft für mich, dass diese Bilder nichts mit glücklichen Kühen und zufriedenen Hühnern zu tun hatten. Was ich sah, war hässlich und brutal – und es war klar, dass sich ein Schwein nicht ohne Todeskampf zu Schinken machen lässt. Aber in meiner Hilflosigkeit (was sollte man denn sonst essen?) schob ich die Bilder weit von mir weg. Dennoch blieb ein kleiner Eindruck hängen. 2007 hörte ich im Radio Nachrichten über einen Tiertransport, der Lämmer über tausende Kilometer zu ihrem Henker fuhr. All die Bilder waren wieder präsent und das war für mich der Tropfen, der das Fass zum Überlaufen brachte. Ich beschloss über Nacht, kein Fleisch mehr zu essen, und fühlte mich befreit. Ich war nun Vegetarierin, ein neues Gefühl. Ich wurde bestärkt in meinem Entschluss, als ich herausfand, dass jährlich 150 Milliarden Tiere (150 und 9 Nullen dahinter!) für unseren Konsum getötet werden. Doch ich wollte noch mehr erfahren und herausfinden, wie Tierhaltung funktioniert. So kam ich schnell auf den Begriff „vegan", der eine Lebensweise bezeichnet, in der nichts vom Tier konsumiert wird – also kein Fleisch, kein Fisch, keine Milch, keine Eier (aber auch kein Leder und keine Wolle und keine Zoobesuche – aber das geht sicher über das kulinarische Thema dieses Buches hinaus). Die Idee ist, leben und leben zu lassen und damit möglichst wenig Leid zu verursachen.

Ich stellte dann schnell fest, dass Milch und Eier um nichts besser sind als Fleisch. In meiner Naivität glaubte ich, dass Kühe einfach Milch geben, rund um die Uhr, ihr ganzes Leben. Mir war nie in den Sinn gekommen, dass wir Kühe aus einem einzigen Grund melken können – weil wir ihnen ihr Baby wegnehmen, für das die Milch bestimmt ist. Wie eine menschliche Mutter produziert eine Kuh nur Milch, wenn sie ein Junges hat, mit dem Unterschied, dass ein Kalb die Milch der Mutter nicht trinken darf, weil wir sie lieber verpacken und selbst trinken. Mutter und Kalb enden schließlich beide im Schlachthof, weit vor ihrem natürlichen Lebensende.

Ich habe immer gedacht, dass es einfach so viele Hennen gibt, die für uns die Eier legen. Ich habe mir nie die Frage gestellt, wo denn all die Hähne geblieben sind. Tatsächlich werden kleine Küken in der Ei-Industrie kurz nach dem Schlüpfen aussortiert, in die „produktiven" Weibchen und die „nutzlosen" Männchen – die männlichen Küken werden Minuten später getötet. Schlussendlich landen auch alle ausgedienten Legehennen im Schlachthof.

Sie sehen, das romantisch verklärte Bild von den glücklichen, gefleckten Kühen auf der grünen Weide, die dann vom liebevollen Bauern zu Steak gekuschelt werden, ist eine naive Vorstellung und mir ein besonderer Dorn im Auge. Wir brauchen tierische Produkte weder für unsere Gesundheit noch für den Genuss, denn zahlreiche Studien zeigen, dass eine Ernährung ohne tierische Produkte vielen Zivilisationskrankheiten vorbeugen kann. Denn auch in der veganen Küche gibt es in Hülle und Fülle köstliche Verlockungen, wie Sie sie mit diesem Buch selbst ausprobieren können. Dazu nur ein Wort der Vernunft: Meine Rezepte sind für besondere Gelegenheiten, nämlich für das Weihnachtsfest gedacht, und ich sage hier nicht, dass Sie nun rund um die Uhr vegane Kekse und Spekulatiusmousse essen sollen. Schalten Sie ein wenig den Kopf ein und essen Sie das Gemüse auf!

Darum stimmt es mich unglaublich traurig, dass so viele Lebewesen für praktisch unnötige Produkte leiden müssen. Ich bin leidenschaftlich vegan. Ich kann jeden verstehen, der sich scheut herauszufinden, wo sein Schnitzel herkommt, so ging es mir auch. Aber trotzdem kann ich jeden nur ermuntern, sich mit der Realität der modernen Tierhaltung auseinanderzusetzen, um dann seine persönlichen Konsequenzen daraus zu ziehen. Für mich war diese Konsequenz eine der besten Entscheidungen überhaupt.

Weihnachtlich vegan

Zurück zu meiner Geschichte und der Geschichte dieses Buches: 2009 wurde ich dann also zur Veganerin. Für mich war es damals ein Befreiungsschlag und ich bereue nur, dass ich mich nicht schon früher dazu entschlossen habe. Mit der Zeit folgten dann andere nach: Meine Eltern leben vegetarisch, und es gibt immer ein rein veganes Weihnachtsmenü (dazu mehr in den Rezepten). Mein Mann lebt nun auch vegan, und seine Eltern entdecken mehr und mehr interessante Aspekte der veganen Küche. 2009 habe ich auch meinen Blog „Totally Veg!" (www.totallyveg.at) ins Leben gerufen, der seither mein treuer Begleiter ist. 2014 habe ich schließlich mein erstes Buch „Vegan für Naschkatzen" veröffentlicht. Ein Buch zu veröffentlichen, ist eine aufregende, aber auch sehr anstrengende Aufgabe. Ich dachte eigentlich, dass ich nach diesem Buch in ein kreatives Loch fallen würde. Aber schon während „Vegan für Naschkatzen" noch in den Babyschuhen steckte, keimte in mir ein neuer Wunsch: Ein Buch über vegane Weihnachten.

Ich kann mich noch genau an mein erstes veganes Weihnachtsfest erinnern. Traditionell feiern mein Mann und ich den 24. Dezember bei meinen Eltern und den 25. bei seinen. Ich hatte schon Tage vor meinem ersten veganen Weihnachtsfest schweißnasse Hände, ob denn jeder auch wirklich verstanden hat, was vegan bedeutet oder sich doch irgendwo Sahne oder Parmesan versteckt hätten. Ich überlegte mir clevere Antworten auf blöde Sprüche und gutgemeinte Scherze. Und ganz insgeheim dachte ich auch darüber nach, ob denn Weihnachten ohne Papas Knoblauchhuhn oder Schwiegermutters Truthahn eigentlich Weihnachten sei. Es stellte sich heraus: Es ist.

Auch wenn zu Weihnachten gerade die liebgewonnen Rezepte oft ausschließlich aus tierischen Produkten bestehen, so können vegane Speisen genauso köstlich, festlich und stimmungsvoll sein. Sie sind vielleicht nicht so vertraut wie der Karpfen oder die Weihnachtsgans – aber Traditionen können sich ja auch ändern, wenn sie nicht mehr zu uns passen. Und ich kann Ihnen versichern, in meiner Familie gibt es kein Weihnachtfest mehr ohne Papas russischen Salat (Seite 43) oder die veganen Linzeraugen (Seite 50), und wir haben diese Speisen genauso lieb gewonnen wie die, die wir zuvor gegessen haben – sogar noch mehr, da wir wissen, dass dafür keine Tiere ihr Leben lassen mussten. Auch, wenn Sie sich jetzt noch fragen, ob es denn ein Leben nach den Bratwürsteln am Heiligen Abend gibt: Sie werden sicher schon bald neue Favoriten finden, mit denen Sie gern die Feiertage genießen werden.

Da ich ein unverbesserlicher Fan der Weihnachtszeit bin, hoffe ich, dass ich Ihnen mit meinen Rezepten und Anregungen auch zur passenden festlichen Stimmung verhelfen kann. Dazu bedarf es manchmal eines gewissen Flairs, das man vor allem mit Gepflogenheiten aus der Kindheit hervorrufen kann. Ich selbst backe, seit ich denken kann, mit meiner Mama jedes Jahr Weihnachtskekse. Für diese Tradition reservieren wir jedes Jahr einen ganzen Tag. Mit etwas klassischer Musik in voller Lautstärke und einer Flasche Prosecco bäckt es sich nochmal besser!

In diesem Sinn wünsche ich Ihnen viel Erfolg beim Nachkochen und eine besonders gut gelungene Weihnacht!

Ihre
Claudia Luger-Bazinger

Neue beste Freunde

Ich werde oft gefragt, was man als Veganerin noch essen kann – es ist tatsächlich einfacher zu beschreiben, was vegan lebende Menschen nicht essen. Prinzipiell wird nichts gegessen, was von oder aus einem Tier stammt, und nichts, was tierische Produkte enthält. Im Klartext bedeutet das, dass keinerlei Fleisch, Fisch, Milch, Eier oder Honig (ja, auch Honig stammt von Tieren) konsumiert werden, sowie keinerlei Produkte, die daraus gewonnen werden – also auch keine Butter, Sahne, Sauerrahm oder Molke. Gerade als veganer Frischling braucht man oft ein paar Tipps, um herauszufinden, welche Zutaten vom Tier stammen und welche nicht – beispielsweise ist Erdnussbutter trotz des Namens rein pflanzlich, Milchsäure wird auch überwiegend pflanzlich hergestellt, aber Butterreinfett wird leider oft in Schokolade gemischt, wodurch diese nicht mehr vegan ist. All das ist ein Lernprozess, der üblicherweise nicht sehr lang dauert und eigentlich nur das Lesen von Zutatenlisten beinhaltet.

Die gute Nachricht: Viele der Lebensmittel, die wir essen, sind ohnehin vegan – Tomaten, Paprika, Avocado, Bananen, Bohnen, Linsen, Reis, italienische Pasta, um nur einige wenige zu nennen. In diesem Abschnitt möchte ich ein paar Produkte vorstellen, die vielleicht nicht ganz so vertraut sind, und Tipps geben für die beste Auswahl an Produkten. Nur weil es ein Klischee ist, heißt es nicht, dass es nicht doch manchmal zutrifft: Üblicherweise reden vegane Menschen leidenschaftlich gern übers Essen. Meine Konversationen mit anderen Veganerinnen und Veganern drehen sich wohl zu 70 Prozent ums Essen – wir genießen einfach gerne! Genauso gibt es bestimmte Zutaten, die in der veganen Community verbreiteter sind als anderswo, was eigentlich schade ist, denn diese Produkte sind wirklich gut. Darum möchte ich Ihnen hier Ihre neuen besten Freunde vorstellen:

Agaven- oder Ahornsirup: Agavensirup ist ein süßer Sirup, der nicht nur über Waffeln und Pancakes ausgezeichnet schmeckt, sondern den ich auch gern in Rezepten anstatt Zucker verwende, da er sich viel besser verteilt und auflöst. Ahornsirup kann auch anstatt Agavensirup verwendet werden, allerdings hat er einen stärkeren Eigengeschmack.

Backtriebmittel: Auch ohne Eier kann ein Kuchen schön aufgehen: Dafür wird entweder Backpulver oder Natron (Speisesoda) verwendet. Beides gibt es im Supermarkt zu kaufen, Natron findet man oft bei den Gewürzen, da es traditionell für Lebkuchen verwendet wird. Natron wirkt um ein Vielfaches stärker als Backpulver, darum können die beiden nicht beliebig ausgetauscht werden! Ich empfehle, das Backpulver zu sieben, bevor es in den Teig kommt, denn es gibt nichts Schlimmeres als kleine Backpulver-Klümpchen, die nicht mehr aus dem Teig zu entfernen sind.

Bourbon-Vanillezucker: Ich benutze sehr gerne Vanillezucker, da man ohne Eier in einem Kuchen die feine Vanille viel besser schmecken kann. Achten Sie aber darauf, nur Vanillezucker mit echter Bourbon-Vanille zu verwenden, denn Vanillin-Zucker wird rein chemisch hergestellt. Erst der hohe Anteil an echten gemahlenen Vanilleschoten im Bourbon-Vanillezucker gibt den herrlichen Geschmack. Wer möchte, kann ihn auch selbst herstellen (Seite 100).

Cashewmus: Cashewmus besteht aus gemahlenen Cashews. Da die Cashew-Nuss einen angenehm buttrigen Geschmack hat, macht Cashewmus Saucen und Dips nicht nur cremig, sondern bringt auch ein tolles Aroma hinein.

Erdnussmus, Erdnussbutter: Erdnussmus und Erdnussbutter sind eigentlich nur zu einem Brei gemahlene Erdnüsse. Bei Erdnussbutter kommt meistens noch etwas zusätzliches Fett hinzu, um das Produkt fester zu machen. Zum Kochen und Backen kann man beide Produkte verwenden, üblicherweise wird das Ergebnis ähnlich sein.

Edelhefeflocken, Würz-Hefeflocken, Melasse-Hefeflocken: Edelhefeflocken hat mit Trockenhefe zum Backen nichts zu tun. Die feinen gelben Flocken haben einen herrlich würzigen, fast käsigen Geschmack, und verfeinern Saucen, Dips und sind meine geheime Zutat in vielen pikanten Gerichten wie Rührtofu. Man bekommt sie im Biosupermarkt.

Hafer- oder Soja-Cuisine: Das ist vegane Sahne zum Kochen (sie ist nicht aufschlagbar). Sie finden sie im Supermarkt oder im Bioladen. Diese Sahne ist dickflüssiger und cremiger als pflanzliche Milch, eignet sich für pikante und süße Rezepte und entsteht entweder auf Soja- oder Haferbasis.

Kala Namak ist ein indisches Salz, das auch „schwarzes Salz“ genannt wird, obwohl es eigentlich eher leicht rötlich ist. Nein, das hat keinen Sinn, aber durch den hohen Schwefelgehalt schmeckt Kala Namak nach Eiern. Wer früher gerne gekochtes Ei aufs Brot gegessen hat, wird von einem Avocado-Brot mit etwas Kala Namak darauf schwer beeindruckt sein. Es ist kein Muss, aber gerade im Rührtofu (Seite 76) ist es eine ganz besondere Zutat.

Leinsamen, gemahlen: Gemahlene Leinsamen sind ein toller Ei-Ersatz! Gerade für Kekse liebe ich Leinsamen, um den Teig zu binden. Fertig gemahlene (geschrotete) Leinsamen bekommen Sie im Supermarkt oder Sie mahlen sie selbst in einer Getreidemühle. Gemeinsam mit Wasser angerührt, ergeben die gemahlenen Leinsamen eine zähflüssig Masse, die den Teig binden und befeuchten. Bitte beachten Sie, dass die Leinsamen unbedingt gemahlen sein müssen, ansonsten funktioniert es nicht.

Margarine – die „vegane Butter“: Entgegen einiger Unkenrufe enthält gute Margarine ausschließlich hochwertige Pflanzenfette. Ich backe am liebsten mit der Biomargarine von Alsan, da sie buttrig schmeckt und sich wie Butter verhält – sie ist fest im kalten Zustand und weich bei Raumtemperatur. Sie bekommen sie im Reformhaus, in Bio- und teilweise in Drogeriemärkten mit Lebensmittelsortiment. Man kann sie zum Streichen, Braten und Backen verwenden. Sollten Sie eine andere Margarine bevorzugen, achten Sie darauf, dass sie wirklich rein pflanzlich ist, denn teilweise sind Milchbestandteile zugesetzt. Außerdem ist nicht jede Margarine zum Backen geeignet, da manche sehr viel Wasser enthalten, was den Teig verflüssigen und das Backwerk sogar trocken machen kann.

Mayonnaise: Klassische Mayonnaise enthält Eier und ist somit nicht vegan. Zum Glück gibt es in Super- und vor allem Biomärkten zahlreiche vegane Mayonnaisesorten. Einige Leute schwören auf hausgemachte vegane Mayo aus Sojamilch, Öl, Zitronensaft und Senf, aber ich bin – wie immer – eher faul und greife daher lieber auf gekaufte Mayo zurück.

Pudding: In vielen Super- und Biomärkten gibt es fertige Puddings auf Sojabasis zu kaufen. Diese köstlichen Puddings sind eine schnellere Lösung als die Puddingpulver, die erst angerührt und gekocht werden müssen.

Schokolade (dunkel und weiß) und Kakaopulver: Ja, auch Veganer können Schokolade essen! Tatsächlich ist für gute Schokolade Milch unnötig. Ich verwende in meinen Rezepten Schokolade mit einem hohen Kakaoanteil (mindestens 50 Prozent). Sie finden vegane Zartbitterschokolade als Kuvertüre oder Kochschokolade im Supermarkt, Reformhaus oder Biomarkt. Ein Blick auf die Zutatenliste ist dennoch empfehlenswert, denn auch bei Zartbitterschokolade schummelt sich gelegentlich Milchpulver oder Butterreinfett dazu. Auch Zartbitter-Schoko-Tropfen und Zartbitter-Schoko-Streusel finden sich im großen Supermarkt oder Reformhaus. Wer keine Fertigware findet, der hackt einfach vegane Zartbitterschokolade klein. Ich empfehle übrigens Produkte aus Fairtrade-Anbau – aus Respekt für Mensch und Tier. Vegane weiße Schokolade findet man im Biomarkt oder Reformhaus, und sie kann natürlich auch bei verschiedensten veganen Online-Versendern bestellt werden. Sie wird meistens auf der Basis von Reis- oder Sojamilch hergestellt. Reines Kakaopulver ist vegan, auch hier empfiehlt sich ein Fairtrade-Produkt.

Sojamilch: Ich empfehle gesüßte Sojamilch (die ich auch in meinen Rezepten verwende), aufgrund ihrer Cremigkeit und des Geschmacks ist sie mein Favorit. Diese Sorte Sojamilch kann man mittlerweile in jedem Supermarkt kaufen, wer möchte, auch in Bioqualität und mit Sojabohnen aus heimischem Anbau. Sojamilch mit Essig ergibt beim Backen einen hervorragenden Ei-Ersatz. Es kann auch Mandelmilch oder cremige Reismilch verwendet werden. In einigen Rezepten verwende ich auch Sojamilch mit Vanillegeschmack, die eine besondere Note gibt.

Tofu (Natur-, Seiden-, Räuchertofu): Tofu ist für viele ein Schreckgespenst. Dabei ist der unschuldige weiße Block aus Sojabohnen wirklich köstlich, wenn man ihn richtig zubereitet. Es gibt Naturtofu, Seidentofu und Räuchertofu. Naturtofu ist die bekannteste Variante, man bekommt ihn im Super- oder Biomarkt. Mein persönlicher Liebling ist der Naturtofu der Biomarke „Taifun". Guter Naturtofu sollte leicht elastisch und keinesfalls bröselig oder zu weich sein. Seidentofu ist fast ausschließlich im Biomarkt erhältlich. Anders als Naturtofu ist er cremig, fast puddingartig und eignet sich besonders gut für Desserts. Räuchertofu ist nur für die pikante Küche geeignet, er hat einen angenehmen würzigen Geschmack und lässt sich besonders knusprig anbraten. Räuchertofu sollte relativ fest sein und eine recht dicke „Kruste" haben, auch hier empfehle ich Räuchertofu aus dem Biomarkt.

Eine Sünde wert
Diese Produkte sind köstlich, werden aber für die Zubereitung der Rezepte nicht unbedingt benötigt. Doch viele Dinge, die man nicht braucht, versüßen einem trotzdem das Leben!

Veganes Eis: Im gut sortierten Super- oder Biomarkt erhält man cremiges veganes Eis auf Soja- oder auch Lupinenbasis. Außerdem sind viele Sorbets ohnehin vegan. Eine Kugel veganes Eis verfeinert so ziemlich jedes Dessert!

Vegane Schlagsahne: Aufschlagbare vegane Schlagsahne auf Soja-, Reis- oder Kokosbasis ist im gut sortierten Super- und Biomarkt erhältlich und schmeckt zu Kuchen, frischem Obst oder pur aus der Packung (das habe ich jetzt nicht gesagt).

Vegane „Nutella“: Die beliebte Schoko-Haselnuss-Creme enthält leider Milch, aber in vielen Super- und Biomärkten findet man mittlerweile eine vegane Variante dieser süßen Verführung. Schmeckt toll zu Pancakes, Waffeln, auf frischem Brot oder pur aus der Packung (das habe ich jetzt auch nicht gesagt).

Vegane Schokoladensauce: Auf Desserts gehört gelegentlich eine ordentliche Portion Schokolade – zum Glück findet man im Supermarkt auch unter den klassischen Schokoladensaucen vegane Varianten, und im Biomarkt hat man noch mehr Qual der Wahl.

Veganer Käse: Geriebener veganer Käse schmeckt lecker auf Risotto, Salaten oder auch in Suppen. Und sogar in Supermärkten findet man mittlerweile einige Varianten für den veganen Käsehunger.

Küchenausstattung – was brauche ich?

Nein, für leckeres Essen braucht man keine riesige Gastro-Küche mit abwaschbaren Wänden und Ausrüstung, die tausende Euro gekostet hat. Ich bin immer erheitert, wenn sich Menschen darüber beschweren, dass sie nichts kochen können, weil ihre Küche so klein ist. Mein Mann und ich wohnen auf 42 Quadratmetern, und die Größe der Küche ist dementsprechend (mein Vater taufte sie liebevoll „die Kombüse"). Trotzdem kochen wir jeden Tag darin, und ich habe mich durch Rezepte für zwei Kochbücher gekocht. Bei uns steht nicht zu viel Zeug herum, denn ich kann die wirklich wichtigen Utensilien fast an einer Hand abzählen.

First things first: In jeder Küche sollte sich ein gutes **Schneidemesser** finden. Es soll wirklich scharf sein, denn die Gefahr, sich zu verletzen, ist mit einem stumpfen Messer viel größer. Dazu ein großes **Schneidebrett**, wir benutzen eines aus Holz, aber auch Plastik ist in Ordnung.

Eine Pfanne sollte man haben, ich liebe meine beschichtete Pfanne, weil man darin mit weniger Fett kochen kann und sie leicht zu säubern ist. Dazu noch eine Auswahl an großen und kleinen Töpfen, mit passenden Deckeln (denn Sie kennen wohl das alte Sprichwort vom Topf und Deckel, nicht wahr?).

Eine Küchenwaage und **ein Messbecher** für Milliliter-Maße sind natürlich unumgänglich. Außerdem lohnt sich auch die Anschaffung von einem Set an Esslöffel- und Teelöffel-Maßen.

Fürs Verrühren von manchen Teigen ist ein **Handmixer** hilfreich, zum Zerkleinern und Zubereiten von Cremes ein **Standmixer**, der aber auch nicht das teuerste Modell sein muss (ich habe mir vor einiger Zeit dazu eine Küchenmaschine angeschafft), außerdem ist für Suppen ein Stabmixer ungemein praktisch: Wer wenig Zeug haben möchte, kann den Stabmixer auch statt einem Standmixer benutzen.

Für Knoblauch-Fans wie mich ist eine **Knoblauchpresse** unumgänglich.

Meine praktischen Tipps

Zum Backen benutze ich ein Backblech, eine Kastenform (Brotbackform) mit 30 Zentimeter Länge und eine kleine, rechteckige Form für Brownies (20 x 20 cm). Für Cupcakes und Muffins brauchen Sie eine Muffinform aus Metall oder Silikon, die Sie mit Papierförmchen auslegen. Egal, was manche Hersteller von Papierförmchen behaupten, die Papierförmchen können in den allermeisten Fällen nicht allein benutzt werden, außer Sie schätzen flache, unförmige und trockene Muffins.

Außerdem kann ich Ihnen nur empfehlen, sich einen großen Vorrat an **Backpapier** zuzulegen. Was meine Mama und ich früher an Fett verbraucht haben, nur um das Backblech einzufetten – Backpapier macht es Ihnen da viel leichter, sogar beim Ausrollen der Teige.

Und auch, wenn Sie nicht gern Eis essen (wie können Sie nur?), empfehle ich Ihnen unbedingt einen **Eisportionierer**. Er ist ungemein praktisch, um den Teig gleichmäßig auf die Muffin-Form aufzuteilen und genau gleich große Kekse zu formen. Symmetrie-Freaks wie mir ist das natürlich ungemein wichtig.

Beim Ausrollen bleibt der Keksteig manchmal an der Arbeitsfläche kleben und lässt sich nicht formen – ein Alptraum! Ich lege eine Schicht Backpapier auf die Arbeitsfläche, darauf den Keksteig und darüber wieder eine Schicht Backpapier, und so rolle ich den Teig aus – nichts bleibt mehr kleben!

Mehl: Alle Rezepte werden, falls nicht anders angegeben, mit weißem Weizenmehl zubereitet (Type W 480, Universal). Sollten Sie eine Vollkorn-Alternative verwenden wollen, empfehle ich Dinkelmehl, aber ich möchte auch darauf hinweisen, dass die Rezepte nicht damit getestet worden sind.

Öl: Ich empfehle ein geschmacksneutrales Öl wie Maiskeimöl oder Rapsöl zum Backen.

Zucker: Ich verwende, wenn nicht anders angegeben, weißen Feinkristallzucker, der aus Zuckerrüben hergestellt wird, da dieser Zucker sehr fein ist und damit die Konsistenz von Kuchen oder Keksen wenig beeinflusst. Für manche Kekse sollte man aber eher Staubzucker (Puderzucker) benutzen, aber das ist natürlich im Rezept angegeben. Brauner Zucker verleiht Gebäck einen karamelligen Geschmack.

Die Angaben in diesem Buch zu Temperatur und Backzeit sind Richtwerte, die ich an meinem und anderen Backöfen getestet habe (ich empfehle übrigens Ober-/Unterhitze). Da aber jeder Backofen seine individuelle Auffassung von Temperatur hat, empfehle ich Ihnen, das Backwerk unbedingt im Auge zu behalten. Vertrauen Sie vor allem Ihrem fachmännischen Urteil und passen Sie die Temperatur oder die Backzeit an Ihren Ofen an.

Für Kuchen, Muffins und Cupcakes: Das Backwerk ist fertig, wenn ein Stäbchen, in die Mitte des Teigs gestochen und herausgezogen, sauber wieder herauskommt. Sollte noch Teig daran kleben, verlängert sich die Backzeit noch um zwei bis drei Minuten.

Bei Keksen gilt, dass sie einen leicht gebräunten Rand haben sollen, aber in der Mitte noch weich sein können, wenn sie aus dem Ofen kommen, da sie nach dem Abkühlen noch fester werden.

Falls auf den Kuchen oder die Cupcakes noch Glasur gegossen wird, warten Sie unbedingt, bis das Backwerk vollständig abgekühlt ist (also auch an der Unterseite).

Vorschläge für eine festliche Menüfolge

MENÜ 1

Tomaten-Kokos-Süppchen[1)]
Waldorfschiffchen
Winterliches Risotto mit knusprigem Räuchertofu[2)]
Apple Crisp[3)]

1) Kann am Vortag zubereitet werden.
2) Der Räuchertofu kann am Vortag zubereitet werden.
3) Kann am Vortag zubereitet werden, vor dem Servieren kurz im Ofen wärmen.

MENÜ 2

Erbsensuppe mit Basilkum[1)]
Caesar's Salad[2)]
Festlicher Linsenbraten[3)] mit Meerrettich-Kartoffel-Püree und cremigen Fisolen
Christmas Brownies[4)]

1) Kann am Vortag zubereitet werden. Vor dem Servieren erhitzen, nicht kochen lassen.
2) Dressing für Cesar's Salad kann am Vortag zubereitet werden, vor dem Servieren auf Raumtemperatur kommen lassen und eventuell noch etwas Wasser hinzugeben.
3) Ich empfehle, den Linsenbraten am Vortag zuzubereiten
4) Können am Vortag zubereitet werden. Vor dem Servieren kurz im Ofen wärmen.

MENÜ 3

Pastinakensuppe mit Curry[1)]
Steirische Bruschette[2)]
Pasta mit Süßkartoffel-Alfredo und Pinien-Parmesan
Spekulatius-Mousse[3)]

1) Kann am Vortag zubereitet werden.
2) Pesto für steirische Bruschette kann am Vortag zubereitet werden.
3) Kann am Vortag zubereitet werden, erst kurz vor dem Servieren anrichten.

KAPITEL 1

JETZT WIRD'S FESTLICH

Veganes Weihnachtsessen

Das Herzstück des Weihnachtsfestes ist sicherlich das Menü, das am Heiligen Abend oder an den Feiertagen serviert wird. Immerhin sollen damit Mama, Papa, der Freund, die Ehefrau, Tante Helga – kurzum, alle beeindruckt werden. Die Rezepte, die Sie hier finden, sind köstlich, passend für Weihnachten und vor allem leicht zuzubereiten. Die Menüs sind übrigens als solche konzipiert worden – Sie können zwar nach Lust und Laune aus den einzelnen Gängen wählen, allerdings werden Sie nicht allein vom Hauptgang pappsatt werden, da alle Gänge etwas kleiner angelegt sind.

Aber wer möchte am 24. Dezember noch damit beginnen, Tortellini auszustechen oder stundenlang Saucen einzukochen? Ich sicherlich nicht – zur Weihnachtsstimmung gehört für mich auch, dass ich nicht mit herunterhängender Zunge, wirren Haaren und zu Tode gearbeitet zum Festtisch haste. Sie sollten also Zeit für sich und für Gäste haben. Und um es sich besonders leicht zu machen, kann man einige Komponenten des Menüs bereits am Vortag zubereiten (siehe die Angaben auf der linken Seite) und noch mehr Zeit sparen. Hurra!

Suppen

Pastinakensuppe mit Curry

Pastinaken sind ein typisches Wintergemüse und damit eine schöne Ergänzung als saisonale Zutat für das Weihnachtsmenü. Sie haben einen süßlichen Geschmack und ein fast schon vanilleartiges Aroma, das besonders gut zu dem leicht scharfen Curry passt.

FÜR 4 PORTIONEN

ZUTATEN

1 EL Öl
1 mittlere Stange Lauch, in groben Ringen
3 Zehen Knoblauch, gepresst
500 g Pastinaken, geschält und in Stücken
900 ml Gemüsebrühe
2 TL Curry Madras (scharfes Currypulver)
100 ml Soja- oder Hafercuisine
Salz

ZUBEREITUNG

1. In einem Topf das Öl erhitzen und darin den Lauch und den Knoblauch dünsten. Die Pastinaken und die Gemüsebrühe hinzugeben und köcheln lassen, bis die Pastinaken weich sind.
2. Currypulver und Soja- oder Hafercuisine hinzugeben und alles fein pürieren.
3. Vor dem Servieren mit Salz abschmecken.

FÜR 4 PORTIONEN

Erbsensuppe mit Basilikum

Die Kombination von Erbsen und Basilikum ist einerseits frisch und andererseits sehr elegant. Wer einen grüneren Daumen hat als ich, kann seine Gäste sogar mit selbst gezogenem Basilikum verwöhnen. Ich liebe diese Suppe, auch weil sie sehr einfach zuzubereiten ist! Wenn Ihre Gäste große Suppentiger sind, dann können Sie für vier Portionen auch die 1,5-fache Menge kochen.

ZUTATEN

1 mittlere Zwiebel, gewürfelt
2–3 Zehen Knoblauch, gepresst
1 EL Öl
600 g Erbsen, tiefgekühlt
800 ml Gemüsebrühe
1 große Handvoll frischer Basilikum (etwa 13 g)
2 EL Edelhefeflocken
2 EL Zitronensaft
100 ml Soja- oder Hafercuisine
Salz
frischer Pfeffer

ZUBEREITUNG

1. In einem hohen Topf auf mittlerer Hitze Zwiebel und Knoblauch im Öl glasig dünsten. Erbsen und Gemüsebrühe hinzugeben und zum Köcheln bringen. Etwa 10 Minuten köcheln lassen, dann das Basilikum und die Edelhefeflocken hinzugeben.
2. Den Topf von der Herdplatte nehmen und die Suppe mit einem Pürierstab oder im Mixer fein pürieren.
3. Erneut auf die Herdplatte stellen, Zitronensaft und Soja- oder Hafercuisine hinzugeben, und mit Salz und frischem Pfeffer abschmecken.
4. Die Suppe nun noch ein paar Minuten ziehen lassen (nicht zum Kochen bringen, sonst kann die Cuisine flocken) und servieren.

Tomaten-Kokos-Süppchen

Ich bin immer ein großer Fan von Tomatensuppen gewesen – diese Liebe hat mit der Instant-Tomatensuppe begonnen, die ich als Kind verschlungen habe. Natürlich sollte es zu Weihnachten etwas festlicher sein, und diese Mischung aus Tomaten und Kokos ist wirklich köstlich, einfach zuzubereiten und trotzdem elegant genug für das Weihnachtsdinner.

ZUTATEN

1 mittlere Zwiebel, fein gewürfelt
3 Zehen Knoblauch, gepresst
1 EL Öl
650 g passierte Tomaten (ca. 1 große Flasche)
600 ml Gemüsebrühe
2 EL Tomatenmark
250 ml Kokosmilch
1 TL Agavensirup
1 EL Sojasauce
Salz

ZUBEREITUNG

1. In einem hohen Topf auf mittlerer Hitze Zwiebel und Knoblauch im Öl glasig dünsten. Passata, Brühe und Tomatenmark hinzugeben und für einige Minuten köcheln lassen.
2. Mit Kokosmilch aufgießen, Agavensirup und Sojasauce hinzugeben und mit Salz abschmecken. Erneut einige Minuten köcheln lassen und servieren.
3. Wer mag, püriert die Suppe davor noch.

FÜR 5–6 PORTIONEN

Vorspeisen

FÜR 4 PORTIONEN

Caesar's Salad mit Croûtons

Das Dressing für diese Vorspeise ist buttrig und wunderbar cremig – das Geheimnis ist das Cashewmus, das man im Biomarkt oder Reformhaus kaufen kann.

FÜR DAS DRESSING
160 g Cashewmus
6 TL Kapern, abgetropft
4 EL Zitronensaft
2–3 Zehen Knoblauch, gepresst
2 TL Senf
2 EL Edelhefeflocken
200 ml Wasser
Salz

FÜR DIE CROÛTONS
4 Scheiben Toastbrot
1 EL pflanzliche Margarine, weich
2 kleine Zehen Knoblauch, gepresst
Salz

FÜR DEN SALAT
1 Kopf Salat, z.B. Lollo Bionda
oder Eisberg

ZUBEREITUNG

1. Für das Dressing alle Zutaten miteinander glatt pürieren. Im Kühlschrank etwa 30 Minuten kaltstellen.
2. Für die Croûtons das Toastbrot bei 200 °C 3 Minuten backen.
3. Die Margarine mit dem Knoblauch und etwas Salz verrühren.
4. Toastbrot aus dem Ofen nehmen, die Margarine gleichmäßig darauf verstreichen, und das Toastbrot in kleine Stücke schneiden. Erneut im Ofen bei 200 °C weitere 4 Minuten backen, dann die Croûtons abkühlen lassen.
5. Den Salat waschen und trocken schleudern. In einer Schüssel mit den Croûtons vermischen. Nach Belieben mit Dressing verrühren.

TIPP!
Wir mögen unseren Salat gerne im Dressing ertränkt, wer das nicht so gern hat, reduziert einfach die Menge oder hebt einen Teil des Dressings auf und benutzt es als Dip für Gemüse.

Waldorfschiffchen

Der gute, alte Waldorfsalat! Er ist in den letzten Jahren irgendwie aus der Mode gekommen, was ich nie verstehen werde. Dabei ist die Kombination aus Apfel, Stangensellerie und Nüssen in dieser cremigen Sauce einfach köstlich. Für die Präsentation darf der Waldorfsalat eine Runde in den kleinen Salatschiffchen drehen, dafür können Sie alle Salatsorten verwenden, die sich zum Befüllen eignen.

ZUTATEN

2 mittlere Äpfel, geschält und in feinen Würfeln (etwa 250 g)
3 EL Zitronensaft
70 g Stangensellerie, in feinen Stücken
70 g Walnüsse, grob gehackt
30 g getrocknete Cranberrys
70 g vegane Mayonnaise
70 g Soja-Joghurt, natur
¾ TL Agavensirup
Salz
12 Blätter Chicorée oder Radicchio

ZUBEREITUNG

1. Alle Zutaten (bis auf den Salat) gut miteinander vermischen und mit Salz abschmecken. Für mindestens ½ Stunde kühl stellen.
2. Zum Servieren pro Person aus den Salatblättern drei Schiffchen bauen, in die man den Waldorfsalat wie in kleine Boote setzt, dazu frisches Brot reichen.

FÜR 4 PORTIONEN

FÜR CA. 4 PORTIONEN

Steirische Bruschette mit Kürbiskernpesto und Avocado

Ich liebe Kernöl. Ich liebe Avocado – mit diesem knusprigen Bruschette-Rezept kommen zwei meiner liebsten Zutaten endlich zusammen. Pro Person kann man als Vorspeise etwa vier bis fünf kleine Bruschette reichen, aber ich warne Sie: Ihre Gäste werden nach mehr verlangen! Das Pesto ergibt eine reichliche Menge, übergebliebenes Pesto schmeckt auch auf Nudeln ausgezeichnet. Für eine cremige Sauce kann man es mit etwas Kochwasser von den Nudeln verdünnen.

FÜR DAS PESTO

120 g Kürbiskerne
1 große Handvoll frischer Basilikum
5 EL Kernöl
3 TL Zitronensaft
7–10 EL Wasser
1 Zehe Knoblauch, gepresst
Salz

FÜR DIE BRUSCHETTE

1 Baguette
1–2 Avocados (je nach Hunger)
Frischer Rucola

ZUBEREITUNG

1. Für das Pesto alle Zutaten in eine Küchenmaschine oder einen Mixer geben und daraus eine weiche Masse pürieren, dabei so viel Wasser hinzugeben, bis das Pesto eine streichfähige Konsistenz hat.
2. Für die Bruschette das Baguette in schmale Stücke schneiden und leicht toasten.
3. Die Avocados fein würfeln. Etwas Pesto auf das Brot streichen und mit einigen Stücken Avocado belegen.
4. Den Rucola auf einem Teller arrangieren und die Bruschette daraufsetzen, gleich servieren.

Hauptgerichte

FÜR 4 PORTIONEN

Winterliches Risotto mit knusprigem Räuchertofu

Ich liebe dieses cremige Reisgericht – köstlich und zugleich elegant genug für das Weihnachtsdinner. Die Maronen machen das Risotto leicht süßlich und besonders cremig, der knusprige Räuchertofu darauf ist ein interessanter Kontrast.
Risotto ist kein kompliziertes Gericht, man muss es nur unter ständigem Rühren, um die richtige Konsistenz zu erreichen, frisch zubereiten. Wer mag, kann das Reisgericht aber auch vor der Vorspeise kochen, während der Vorspeise stehen lassen und kurz vor dem Servieren nochmal durchrühren.

ZUTATEN

200 g Räuchertofu, klein gewürfelt
2 EL Öl
1 mittlere Zwiebel, fein gewürfelt
100 g Karotten, geschält und fein gewürfelt
100 g Knollensellerie, fein gewürfelt
1 TL Senf
3 Zehen Knoblauch, gepresst
200 ml Weißwein
350 g Risottoreis
ca. 1,25 l starke Gemüsebrühe, sehr heiß
300 g Maronen, vorgegart oder selbst im Ofen gegart
3 EL Edelhefeflocken
1 Prise Muskatnuss, frisch gerieben
Salz
2 EL Soja- oder Hafercuisine

ZUBEREITUNG

1. In einer großen Pfanne den Tofu ohne Fett etwa 15–20 Minuten unter mittlerer Hitze braten, bis er rundum knusprig ist. Beiseitestellen.
2. Öl auf hohe Hitze bringen und Zwiebel, Karotten und Sellerie darin anbraten, bis das Gemüse bräunlich wird. Senf, Knoblauch und Wein hinzugeben und aufkochen lassen.
3. Hitze auf mittlere Stufe zurücknehmen und den Reis hinzugeben. Rühren, bis der Reis den Wein aufgenommen hat.
4. Nun schöpfkellenweise (ich gebe meistens 2 Schöpfkellen Brühe gleichzeitig hinzu) die heiße Gemüsebrühe hinzugeben und das Risotto dabei rühren, damit es nicht anbrennt.
5. Nach etwa der Hälfte der Brühe die Maronen grob in das Risotto bröseln. Das Risotto ist fertig, wenn der Reis noch leicht Biss hat, aber weich ist.
6. Die Edelhefeflocken und frischen Muskat unterheben und mit Salz abschmecken.
7. Vor dem Servieren das Risotto ohne Hitze etwa 2 Minuten stehen lassen und schließlich Sojacuisine hineinmischen. (Sollte das Risotto vor der Vorspeise gekocht werden, die Sojacuisine und ggf. einen kleinen Schöpfer Brühe vor dem Servieren unterheben.)
8. Zum Servieren Risotto auf Teller verteilen und den Räuchertofu darüber streuen.

FÜR 5–6 PORTIONEN

Festlicher Linsenbraten

Dieser Braten ist für mich der Inbegriff eines Festtagsessens – deftig und herzhaft! Ich liebe ihn heiß und habe ihn auch schon vielen Gästen serviert, die immer sehr angetan sind von seinem feinen Geschmack. Die Zubereitung ist einfach, allerdings braucht er etwas Vorbereitungszeit.

ZUTATEN

2 mittlere Zwiebel, fein gewürfelt
4 Zehen Knoblauch, gepresst
3 EL Öl
650 g braune Linsen
aus der Dose (etwa 2,5 Dosen)
3 EL Leinsamen, gemahlen
5 EL Wasser
2 TL Oregano, getrocknet
1 TL Basilikum, getrocknet
60 g Haferflocken
2 EL Tomatenmark
3 EL Sojasauce
40 g Semmelbrösel (Paniermehl)
1 EL Edelhefeflocken
Salz
2 EL Ketchup

ZUBEREITUNG

1. Eine Brotbackform (ca. 30 cm) mit Backpapier auslegen und den Ofen auf 180 °C vorheizen.
2. In einer Pfanne Zwiebel und Knoblauch im Öl glasig dünsten. Beiseitestellen und kurz auskühlen lassen.
3. Leinsamen mit Wasser sehr gut vermischen und beiseitestellen.
4. In einer großen Schüssel die Linsen mit einer Gabel oder einem Kartoffelstamper fein stampfen (einige intakte Linsen können dann noch dabei sein). Alle restlichen Zutaten (bis auf das Ketchup) dazu geben, alles sehr gut vermischen und mit ausreichend Salz abschmecken.
5. Die Masse in die vorbereitete Form streichen und sanft in die Form drücken, damit ein kompakter Braten entsteht. Im Ofen 55–60 Minuten nicht zugedeckt backen. Nach etwa 30 Minuten 2 EL Ketchup auf den Braten streichen.
6. Der Braten ist fertig, wenn ein Zahnstocher, in die Mitte gestochen, sauber wieder herauskommt und der Braten oben eine schöne Kruste bekommen hat.
7. Den Braten aus dem Ofen nehmen, und ihn nach etwa 30–45 Minuten aus der Form heben, damit er komplett auskühlen kann.
8. Wenn er heiß serviert werden soll, den Braten in 2 cm dicke Scheiben schneiden und in einer heißen Pfanne einige Minuten von beiden Seiten vorsichtig anbraten.

TIPP!

Als Beilage schmecken cremige Fisolen und Kartoffelpüree mit Meerrettich besonders gut! (siehe Seite 32f)

TIPP!

Servieren Sie ihn nicht frisch aus dem Ofen. Der Grund ist, dass der Braten erst beim Abkühlen fest wird und diese Festigkeit behält er auch beim Aufwärmen – ich backe den Linsenbraten am Vortag und wärme ihn dann immer in einer Pfanne vor dem Servieren auf. Übrigens schmeckt er auch kalt aufgeschnitten zur Jause ausgezeichnet, darum hoffe ich immer, dass ein wenig Braten für eine gemütliche, weihnachtliche Jause übrig bleibt!

FÜR 4 PORTIONEN

Cremige Fisolen

Diese Fisolen (grüne Bohnen) sind die perfekte Ergänzung zum Braten von Seite 30, eine Mischung aus Sauce und Gemüsebeilage.

ZUTATEN

1 mittlere Zwiebel, fein gewürfelt
1 EL Öl
3 Zehen Knoblauch, gepresst
300 g Fisolen, tiefgekühlt
1 EL Sojasauce
¼ TL Senf
100 ml Soja- oder Hafercuisine
50 ml Sojamilch
1 gestr. TL Maisstärke
2 EL Wasser
Salz

ZUBEREITUNG

1. In einer Pfanne bei hoher Hitze den Zwiebel im Öl leicht bräunen, dann die Hitze auf mittel reduzieren und die Fisolen und den Knoblauch hinzugeben.
2. Wenn die Fisolen aufgetaut und schließlich heiß sind, die Sojasauce und den Senf unterrühren. Die Hitze auf leicht reduzieren und Soja- oder Hafercuisine und Sojamilch hinzugeben.
3. In einer kleinen Schüssel die Maisstärke mit dem Wasser verrühren, zu den restlichen Zutaten geben, gut umrühren und vorsichtig erhitzen, bis die Sauce eingedickt ist. Mit Salz abschmecken.

FÜR 4 PORTIONEN

Kartoffelpüree mit Meerrettich

Wer isst nicht gern Kartoffelpüree? Hier wird es noch mit etwas Meerrettich (Kren für uns Österreicher) verfeinert. Geriebenen Meerrettich bekommt man im Supermarkt, aber man muss aufpassen, nicht den mit Sahne zu erwischen.

ZUTATEN

1 kg weichkochende Kartoffeln
2 EL pflanzliche Margarine
200–300 ml Sojamilch
3 TL Meerrettich aus dem Glas
Salz

ZUBEREITUNG

1. Die Kartoffeln samt Schale weich kochen, abschrecken, kurz auskühlen lassen, und noch sehr warm schälen (alternativ kann man sie auch vor dem Kochen schälen, aber ich finde, so schmeckt das Püree dann besser).
2. Kartoffeln mit Margarine und Sojamilch fein stampfen, dabei so viel Sojamilch hinzufügen, bis die gewünschte Konsistenz erreicht ist.
3. Meerrettich einmengen und mit Salz abschmecken

FÜR 4 PORTIONEN

Pasta mit Süßkartoffel-Alfredo und Pinien-Parmesan

Als mein Mann und ich in den USA lebten, hat er seine Liebe für Alfredosauce entdeckt, eine Sauce, die nur aus Sahne, Butter und Parmesan besteht. Ich habe hier eine Version mit Süßkartoffeln kreiert, die unglaublich cremig ist. Wenn Sie und Ihre Gäste gerne Pasta mit viel Sauce essen, empfehle ich, die Menge einfach zu verdoppeln, Reste lassen sich gut aufheben. Mit dem Pinien-Parmesan wird das Gericht zu etwas ganz Besonderem – und dabei schnell zuzubereiten, was zu Weihnachten immer von Vorteil ist!

FÜR DIE ALFREDO-SAUCE

250 g Süßkartoffeln, geschält und in Stücken
1 EL Öl
3 Zehen Knoblauch, gepresst
100 ml Soja- oder Hafercuisine
100 ml Sojamilch
1–2 TL Cashewmus
4 EL Edelhefeflocken
Salz

FÜR DEN PINIEN-PARMESAN

70 g Cashews
40 g Pinienkerne
3 EL Edelhefeflocken
½ TL Salz

AUSSERDEM

400 g vegane Pasta
(z.B. Fettuccine oder Penne)

ZUBEREITUNG

1. Die Süßkartoffeln in einem Dampfeinsatz weich dämpfen oder alternativ in Wasser weich kochen und gut abtropfen lassen.
2. Öl in einer Pfanne erhitzen und den Knoblauch darin etwas andünsten (so schmeckt er später in der Sauce nicht so scharf vor).
3. Mit dem Stabmixer oder in einer Küchenmaschine die weichen Süßkartoffeln mit dem Knoblauch und den restlichen Zutaten pürieren, mit Salz abschmecken.
4. Für den Pinien-Parmesan Cashews und Pinienkerne ohne Öl unter gelegentlichem Rühren rösten, bis die Pinienkerne duften und leicht gebräunt sind. In einem Mixer mit den restlichen Zutaten fein zerkleinern.
5. In der Zwischenzeit das Wasser für die Pasta aufsetzen und die Nudeln al dente kochen. Kurz vor Ende der Kochzeit 1–2 EL von dem Kochwasser in die Alfredosauce geben, damit sie nicht zu dick wird. Dann die Pasta abgießen (nicht abschrecken!) und die heiße Pasta mit der Alfredosauce vermischen.
6. Auf Teller aufteilen und mit reichlich Pinien-Parmesan bestreuen.

TIPP!

Den Pinien-Parmesan kann man vorbereiten und in einem luftdichten Gefäß im Kühlschrank aufbewahren.

Desserts

FÜR 4 PORTIONEN

Spekulatius-Himbeer-Mousse

Ich bin ein großer Fan von Mousse – und dieses hier ist wirklich zum Niederknien! Süß von der weißen Schokolade und weihnachtlich durch die leckeren Spekulatius, dazu die leicht säuerlichen Himbeeren …

FÜR DAS SPEKULATIUS-MOUSSE

200 g vegane weiße Schokolade
300 g Seidentofu
100 g Soja-Vanillejoghurt
¼ TL Zimt
120 g vegane Spekulatius (und einige mehr zur Dekoration)

FÜR DIE HIMBEERSAUCE

150 g Himbeeren (aus dem Tiefkühlschrank und aufgetaut)
3 TL Preiselbeermarmelade
½ TL Agavensirup

ZUBEREITUNG

1. Für das Spekulatius-Mousse die Schokolade in einem Topf sehr vorsichtig schmelzen, dann mit den restlichen Zutaten in einem Mixer oder einer Küchenmaschine pürieren. Für 2–3 Stunden kühl stellen.
2. Für die Himbeersauce alle Zutaten glatt pürieren.
3. Zum Anrichten 2 EL Spekulatius-Mousse in ein Glas geben, 2–3 TL der Himbeersauce darüber geben und mit 2 EL Spekulatius-Mousse abschließen.
4. Zur Dekoration etwas Spekulatius darüber bröseln und mit der restlichen Sauce servieren.

TIPP!

Vegane weiße Schokolade bekommt man im Reformhaus oder im Biomarkt, und viele der Spekulatius im Supermarkt sind vegan (alternativ kann man die Kekse dafür auch backen, die Gewürzkekse auf Seite 59 eignen sich gut dazu).

FÜR 4 PORTIONEN

Apple Crisp

Dieser Apple Crisp mit weichen, zimtigen Äpfeln und extra dicker, knuspriger Kruste schmeckt so richtig nach Weihnachten (O-Ton meiner Probeesser). Am besten schmeckt er, wenn man ihn warm serviert und dazu etwas veganes Vanille-Eis oder veganen Vanille-Pudding reicht.

FÜR DIE ÄPFEL

550 g geschälte, entkernte Äpfel, in feinen Scheiben (etwa 800–850 g ungeschält)
1 EL Zitronensaft
3 EL brauner Zucker
¾–1 TL Zimt
¼ TL Gewürznelken, gemahlen

FÜR DIE KRUSTE

90 g Haferflocken
60 g Mehl
60 g brauner Zucker
½ TL Zimt
90 g pflanzliche Margarine, direkt aus dem Kühlschrank

ZUBEREITUNG

1. Backofen auf 180 °C vorheizen
2. Für die Äpfel alle Zutaten in eine große ofenfeste Form füllen (z.B. Lasagneform) und gut miteinander vermischen. Die Mischung dann etwas glattstreichen.
3. Für die Kruste alle Zutaten mit der Hand verkneten, bis die Zutaten gut vermischt sind und sich Streusel bilden lassen. Gleichmäßig über die Äpfel streuen.
4. Nun etwa 40–50 Minuten backen, bis die Streusel leicht gebräunt und die Äpfel sehr weich sind.
5. Vor dem Servieren etwas auskühlen lassen, dann warm mit Vanille-Eis od
Pudding servieren.

TIPP!

Der Apple Crisp kann auch auf vier Förmchen aufgeteilt werden, was noch eleganter wirkt. Dafür die Äpfel etwas kleiner schneiden, alles auf vier ofenfeste Förmchen aufteilen und kürzer backen (etwa 17–25 Minuten), bis die Streusel gebräunt und die Äpfel weich sind.

Christmas Brownies

Brownies sind für mich das perfekte Dessert: Weich, saftig, schokoladig, mit etwas Kokos-Karamell-Sauce beträufelt (Seite 94) oder mit veganem Vanille-Eis serviert ein Genuss. Die Gewürze verleihen ihnen den nötigen weihnachtlichen Geschmack.

FÜR 4 PORTIONEN

ZUTATEN

50 g Zartbitterschokolade, gehackt
250 ml + 2 EL Sojamilch
180 g Mehl
2 TL Backpulver
½ TL Salz
30 g Kakaopulver
100 g Zucker
½ TL Zimt
⅛ TL Gewürznelken, gemahlen
40 ml Öl
60 + 20 g vegane Schokotropfen
50 g gehackte Nüsse (Cashews oder Walnüsse)

ZUBEREITUNG

1. Backofen auf 180 °C vorheizen. Eine kleine, quadratische Form (ca. 20 x 20 cm oder eine kleine Spring- oder Kastenform, 22 cm) mit Backpapier auslegen.
2. Die Schokolade mit 2 EL Sojamilch in einem Topf bei sehr niedriger Hitze vorsichtig schmelzen.
3. Mehl mit Backpulver, Salz, Kakaopulver, Zucker, Zimt und Gewürznelken vermischen. Mit der geschmolzenen Schokolade, 250 ml Sojamilch und Öl zu einem Teig vermischen, dann 60 g Schokotropfen und die gehackten Nüsse unterheben. In die Form streichen und mit den restlichen Schokotropfen bestreuen. Etwa 16–18 Minuten backen, die Brownies sollen an der Oberfläche fest, aber innen gerne noch etwas dickflüssig sein.
4. Komplett auskühlen lassen, mit Staubzucker bestreuen und in Stücke schneiden. Mit etwas veganem Eis, Kokos-Karamell-Sauce oder veganer Schlagsahne (oder allem!) servieren.

Weihnachten bei mir

TIPP!

Wer es zu Weihnachten besonders gemütlich haben möchte, dem empfehle ich mein viertes Menü, so speist meine Familie jedes Jahr am Heiligen Abend. Alle Gerichte werden auf den Tisch gestellt und jeder bedient sich selbst, dazu gibt es Brot, frisches Gemüse und grünen Salat (und natürlich etwas Wein – es ist immerhin Weihnachten!). Als Nachtisch gibt es einen großen Teller voller Weihnachtskekse. Wir essen in Ruhe, plaudern und lachen viel, besonders, wenn meine Oma von den Bubenstreichen meines Vaters erzählt.

Russischer Salat

Bei unserem ersten gemeinsamen Urlaub entdeckten mein Mann und ich auf der Insel Gran Canaria russischen Salat in einer Tapas-Bar: Cremiger Kartoffelsalat mit Gemüse und Fisch. Jahre später haben wir immer noch von diesem Salat geträumt und beschlossen, das Rezept für unsere Weihnachtstafel nachzukochen. Vom ursprünglichen Rezept ist dieser Salat zwar nun wirklich weit entfernt, er schmeckt aber genauso gut, und wir lassen die Fische auch unbeschwert weiterschwimmen.

ZUTATEN

400 g Kartoffeln, festkochend
150 g Karotten
70 g Artischocken, aus dem Glas (in Wasser, nicht in Öl)
120 g TK-Erbsen, aufgetaut
80 g vegane Mayonnaise (oder Soja-Joghurt)
1 TL Senf
2 EL Soja- oder Hafercuisine
¼ TL Agavensirup
Salz

ZUBEREITUNG

1. Kartoffeln und Karotten schälen und sehr klein würfeln. In einem Topf mit einem Dämpfeinsatz bissfest dämpfen (oder alternativ bissfest kochen).
2. Artischocken sehr fein schneiden und mit Kartoffeln, Karotten und Erbsen in einer großen Schüssel vermischen.
3. Mayo, Senf, Soja- oder Hafercuisine und Agavensirup vermischen und über das Gemüse geben. Gut durchmischen, mit Salz abschmecken und mindestens eine Stunde durchziehen lassen.

FÜR ETWA 5 PORTIONEN

FÜR CA. 5–6 PORTIONEN

Hummus-Pizza

Knuspriger Pizzateig, der nach dem Auskühlen dick mit Hummus und frischem Gemüse belegt wird. Klingt ungewöhnlich? Schmeckt aber wirklich ausgezeichnet! Eine Version dieser Pizza habe ich das erste Mal auf einer Weihnachtsparty gegessen – damals noch mit Frischkäse. Aber Hummus schmeckt ohnehin besser als Frischkäse! Im Sinne der Arbeitserleichterung kaufe ich den Pizzateig, aber man kann ihn natürlich auch selbst zubereiten. Für den Hummus werden die Kichererbsen aus der Dose kurz im eigenen Saft gekocht, das macht den Hummus besonders cremig.

FÜR DEN HUMMUS

1 Dose Kichererbsen
3 Zehen Knoblauch, gepresst
80 g Cashewmus
2 EL Zitronensaft
Salz

FÜR DIE PIZZA

400 g veganer Pizzateig aus dem Kühlregal (oder selbstgemacht)
Rohes Gemüse, klein gewürfelt (z.B. ¼ Broccoli, 1 rote Paprika, ¼ Gurke, 1 Avocado)

ZUBEREITUNG

1. Für den Hummus die Dose Kichererbsen öffnen und den gesamten Inhalt (also auch den Saft) in einen Topf leeren. Knoblauch hinzugeben und für etwa 10 Minuten köcheln lassen.
2. Kurz auskühlen lassen, dann mit den restlichen Zutaten für den Hummus in einer Küchenmaschine oder einem Mixer glatt pürieren. Etwa zwei Stunden in den Kühlschrank stellen.
3. Für die Pizza den Teig ausrollen, mehrmals mit einer Gabel einstechen und bei 180 °C etwa 12–14 Minuten backen, bis der Teig goldbraun und durchgebacken ist.
4. Etwas auskühlen lassen, dann den Hummus darauf streichen und das Gemüse darauf verteilen. Die Pizza in Stücke schneiden und sofort servieren.

TIPP!

Da ich kein großer Fan von Tahini bin, verwende ich mildes Cashewmus. Da der Hummus anfangs noch flüssiger ist, empfiehlt es sich, ihn kurz in den Kühlschrank zu stellen.

FÜR 4 PORTIONEN

Linsenbällchen in Tomatensauce

Fleischbällchen in Tomatensauce, dazu knuspriges Weißbrot – besser geht's nicht! Doch! In diesem Fall sind die Bällchen nämlich aus Linsen gemacht. Sie würden auch über Nudeln eine gute Figur machen, und Kindern schmecken sie auch.

ZUTATEN

1 EL Leinsamen, gemahlen
1 Dose braune Linsen (240 g Abtropfgewicht)
2 EL Wasser
1 TL Oregano, getrocknet
1 EL Petersilie, frisch
¼ TL Kumin
2 ½ EL Semmelbrösel
Salz
2–3 EL Öl
1 Glas vegane Tomatensauce für Nudeln (z.B. Tomate-Basilikum), etwa 220 g

ZUBEREITUNG

1. Die Leinsamen sehr gut mit dem Wasser vermischen und beiseitestellen.
2. Linsen abgießen und in eine große Schüssel geben. Mit einer Gabel fein zerdrücken. Mit den restlichen Zutaten vermischen (bis auf das Öl und die Tomatensauce) und mit Salz abschmecken. Ein paar Minuten rasten lassen, dann die Masse esslöffelweise zu Bällchen formen (etwa 3 cm im Durchmesser).
3. Das Öl in einer beschichteten Pfanne erhitzen und die Bällchen einlegen. Etwa 15–20 Minuten auf mittlerer Hitze braten, dabei öfters wenden, bis die Bällchen auf allen Seiten knusprig sind. Wer möchte, kann alternativ die Bällchen auch bei 180 °C im Ofen etwa 20–30 Minuten backen, dabei öfters umdrehen. Die Bällchen komplett auskühlen lassen (dadurch werden sie fest).
4. Zum Anrichten die Tomatensauce in einem Topf erhitzen, dann in eine Schüssel leeren und die Bällchen darauf legen, durch die warme Sauce wärmen sich die Bällchen auf. Sofort servieren.

Kräuterbutter

Kräuterbutter schmeckt zu allem gut: in Sandwiches, auf frischem Brot und zu Kartoffeln (sogar auf Pommes Frites, aber das habe ich jetzt nicht gesagt). Zum Glück lässt sie sich sehr einfach vegan herstellen – gehackte Kräuter gibt es nämlich zu jeder Jahreszeit tiefgekühlt. Wenn sehr viele Kräuterbutter-Fans an einem Tisch sitzen, bereite ich die doppelte Menge zu.

ZUTATEN

70 g pflanzliche Margarine, weich
1 Zehe Knoblauch, gepresst
3 EL gehackte, gemischte tiefgekühlte Kräuter
Salz

ZUBEREITUNG

Alle Zutaten miteinander vermischen und mit Salz abschmecken.

Rote-Rüben-Salat

Manche Menschen essen rote Rüben nur sehr ungern. Doch für diesen cremigen Salat werden sich sicher auch die Rüben-Skeptiker begeistern. Beim Kren (Meerrettich) sollte man darauf achten, kein Produkt mit Sahne darin zu kaufen.

FÜR 4–5 PORTIONEN

ZUTATEN

400 g rote Rüben, vorgegart, in kleinen Würfeln
1 TL Kren (Meerrettich), aus dem Glas
100 g Soja-Joghurt, natur
1 ½ TL Essig
1 EL frische Petersilie, fein gehackt
Salz
etwas Agavensirup

ZUBEREITUNG

1. Alle Zutaten miteinander vermischen und den Salat mit Salz und etwas Agavensirup abschmecken.
2. Vor dem Anrichten zumindest eine Stunde durchziehen lassen.

Kapitel 11

IN DER WEIHNACHTS-BÄCKEREI

Kekse für die festliche Stimmung

Weihnachtskekse gehören einfach zum Advent. Wem rinnt nicht das Wasser im Mund zusammen beim Anblick eines appetitlich aussehenden Kekstellers? Dazu noch ein paar Kerzen, ein Tannenzweig, eine heiße Tasse Tee – fertig ist die Weihnachtsstimmung! Perfekt für den gemütlichen Kaffeeklatsch, um eine besondere Zeit zu feiern. Und nicht vergessen: Auch Muffins, Cupcakes und Kuchen schmecken ausgezeichnet, besonders mit den klassischen weihnachtlichen Gewürzen wie Zimt, Gewürznelken und Kardamom, aber auch Marzipan, Nüsse und Schokolade dürfen nicht fehlen – mhm!

FÜR 35–40 STÜCK

Linzeraugen

Diese Linzeraugen backe ich mit meiner Mama jedes Jahr zu Weihnachten, seit ich ein kleines Mädchen bin. Es ist eines meiner allerliebsten Weihnachtsrezepte!

ZUTATEN

3 EL Leinsamen, gemahlen
9 EL Wasser
450 g Mehl
150 g Staubzucker
1 Packung Bourbon-Vanillezucker
150 g Mandeln, gemahlen
Salz
2 EL Sojamilch
300 g pflanzliche Margarine, weich
Marillen- oder Johannisbeermarmelade (ohne Stücke) zum Zusammensetzen
Staubzucker zum Bestreuen

ZUBEREITUNG

1. Leinsamen und Wasser in einer kleinen Schüssel sehr gut vermischen und beiseitestellen. Mehl, Zucker, Bourbon-Vanillezucker, Mandeln und Salz gut vermischen. Mit pflanzlicher Margarine, Sojamilch und Leinsamenmischung zu einem glatten Teig kneten.
2. Kühl stellen und mindestens eine halbe Stunde rasten lassen (etwas länger ist noch besser).
3. Ofen auf 180 °C vorheizen. Ein Backblech mit Backpapier auslegen.
4. Den Teig in zwei Portionen teilen, den einen Teil auf einer reichlich bemehlten Fläche ausrollen (funktioniert am besten, wenn man Backpapier auf den Teig legt, da bleibt nichts kleben). Kreise ausstechen und in die Kreise drei Löcher oder eine beliebige andere Form einstechen (das werden die Oberteile).
5. Mit der anderen Hälfte des Teigs wie oben vorgehen, jedoch die Kreise ganz lassen (das werden die Unterteile).
6. Alle Kreise auf ein Backblech legen und bei 180 °C etwa 8–10 Minuten backen, bis sie leicht gebräunt sind. Dann kurz auskühlen lassen.
7. Die Marmelade in einem Topf heiß (und damit flüssig) werden lassen. Mit einem Löffel die Unterteile mit Marmelade bestreichen (d. h., den Teil ohne Löcher). Den Teil mit dem Loch daraufsetzen, und auf ein kaltes Blech oder auch ein Tablett setzen. Mit Staubzucker bestreuen.
8. Nach dem Erkalten in einer Keksdose aufbewahren.

Rustikale Cashew-Cookies mit Schokolade

Eine Variation des klassischen Chocolate-Chip-Cookies, aber mit viel köstlichem Cashewmus und grob gehackter Schokolade – sozusagen der Naturbursche unter den Keksen. Man kann die Kekse auch mit Erdnussbutter zubereiten, aber das Cashewmus gibt einen besonderen, fast buttrigen Geschmack.

FÜR 12–14 STÜCK

ZUTATEN

100 g Cashewmus
50 g brauner Zucker
50 g weißer Zucker
3 + 3 EL Sojamilch
150 g Mehl
½ TL Backpulver
¼ TL Natron
¼ TL Salz
1 Prise Zimt, gemahlen
100 g vegane Schokolade, grob gehackt

ZUBEREITUNG

1. Ofen auf 180 °C vorheizen und ein Backblech mit Backpapier auslegen.
2. Cashewmus mit Zucker und 3 EL Sojamilch im Mixer sehr gut verrühren.
3. Mehl, Backpulver, Natron, Salz und Zimt vermischen und mit dem Cashewmus, der restlichen Sojamilch und der Schokolade zu einem glatten Teig kneten.
4. Den Teig esslöffelweise auf ein Backblech setzen, leicht flach drücken und 12–14 Minuten backen, bis die Ränder leicht gebräunt sind.

Kokoskekse

Ist es ein Keks, ist es ein Kokosbusserl? Es ist irgendwie beides, und für Sie alle, die Kokos lieben, ist das genau das richtige Weihnachtsgebäck!

ZUTATEN

1 EL Leinsamen, gemahlen
2 EL Wasser
70 g Zucker
2 Pkg. Bourbon-Vanillezucker
60 g pflanzliche Margarine, weich
2–3 EL Sojamilch
80 g Mehl
¼ TL Backpulver
¼ TL Salz
100 g Kokosflocken (+ mehr zum Wälzen)

ZUBEREITUNG

1. Ofen auf 180 °C vorheizen und ein Backblech mit Backpapier auslegen.
2. Leinsamen mit Wasser mischen und beiseitestellen.
3. Zucker und Vanillezucker sehr gut mit Margarine und Sojamilch vermischen, dann die Leinsamenmischung hinzugeben.
4. Mehl mit Backpulver und Salz vermischen, zur Margarinemischung geben und fest verkneten.
5. Die Kokosflocken in drei Teilen dazugeben und jedes Mal zu einem glatten Teig kneten.
6. Esslöffelweise Kugeln formen, wer mag, rollt sie zusätzlich noch in etwas Kokosflocken.
7. Mit etwas Abstand auf das Backblech setzen, leicht flachdrücken und etwa 13–15 Minuten backen, bis sie goldbraun sind. Auskühlen lassen und luftdicht aufbewahren.

FÜR 14 STÜCK

Gewürzkekse

Diese Kekse sehen unglaublich hübsch aus und riechen einfach nach Weihnachten, anders kann ich sie nicht beschreiben. Für mich der ultimative Weihnachtskeks!

FÜR 12 STÜCK

ZUTATEN

80 g pflanzliche Margarine, weich
100 g brauner Zucker
2 EL Ahornsirup (oder Agavensirup)
2 Pkg. Bourbon-Vanillezucker
120 g Mehl
1 TL Zimt, gemahlen
½ TL Ingwer, gemahlen
¼ TL Kardamom, gemahlen
¼ TL Gewürznelken, gemahlen
¼ TL Salz
½ TL Natron
¼ TL Backpulver

ZUBEREITUNG

1. Ofen auf 180 °C vorheizen und ein Backblech mit Backpapier auslegen.
2. Margarine mit Zucker mit einem Handmixer gut verrühren, dann den Ahornsirup unterrühren.
3. Die restlichen Zutaten in einer Schüssel vermischen, zur Margarine geben und einen glatten Teig daraus rühren.
4. Den Teig esslöffelweise mit viel Abstand voneinander auf ein Blech setzen (die Kekse gehen stark auf). 13–15 Minuten backen, bis der Rand leicht gebräunt ist und auf den Keksen kleine Furchen entstanden sind.

FÜR ETWA 50 STÜCK

Vanillekipferln

Das Vanillekipferl ist der absolute Klassiker unter den Weihnachtskeksen. Besonders gut schmeckt es mit viel echter Bourbon-Vanille und einem heißen Punsch dazu.

ZUTATEN

1 EL Leinsamen, gemahlen
3 EL Wasser
80 g Staubzucker
260 g Mehl
20 g gemahlene Mandeln
2 Pkg. Bourbon-Vanillezucker
220 g pflanzliche Margarine, weich
2 Vanilleschoten, Mark ausgekratzt
Staubzucker vermischt mit Bourbon-Vanillezucker zum Wälzen

ZUBEREITUNG

1. Leinsamen und Wasser in einer kleinen Schüssel sehr gut vermischen und beiseitestellen.
2. Staubzucker, Mehl, Mandeln und Bourbon-Vanillezucker miteinander vermischen und mit dem Mark der Vanilleschoten, pflanzlicher Margarine und Leinsamen zu einem glatten Teig verkneten. Den Teig in den Kühlschrank stellen und mindestens eine halbe Stunde rasten lassen.
3. Ofen auf 180 °C vorheizen. Ein Backblech mit Backpapier auslegen.
4. Den Teig in kleinere Portionen aufteilen und daraus längere dicke, runde Stränge rollen, in kleine Stücke teilen, noch etwas zurechtrollen (geht am besten zwischen den Händen) und zur klassischen Kipferl-(= Halbmond) Form bringen.
5. Auf ein Backblech legen, und etwa 8–10 Minuten backen, bis sie leicht gebräunt sind. Herausnehmen und vorsichtig auf ein weiteres großes Blech (oder ein Tablett) legen, das mit dem zusätzlichen Staubzucker und Bourbon-Vanillezucker dick bestreut wurde. Darin die Kipferln noch warm wälzen.
6. Sobald die Kipferln abgekühlt sind, wenn nötig mit zusätzlichem Zucker bestreuen und in einer Keksdose aufbewahren.

FÜR 10 STÜCK

Preiselbeer-Cupcakes

Preiselbeeren sind etwas ganz Spezielles! Sie sind leicht süß und zugleich säuerlich und in vielen Ländern eine traditionelle Zutat zum Weihnachtsgebäck. Diese Cupcakes sind sehr saftig und mit ihrem hübschen pinken Häubchen machen sie sich auf jeder Kaffeetafel gut.

ZUTATEN
180 g Mehl
¾ TL Backpulver
¼ TL Natron
¼ TL Salz
⅛ TL Muskat
100 g Zucker
2 Pkg. Bourbon-Vanillezucker
50 ml Öl
100 g Soja-Joghurt, natur
110 g Preiselbeermarmelade

FÜR DAS TOPPING
150 ml Sojamilch
2 EL Mehl
100 g pflanzliche Margarine, weich
1 Pkg. Bourbon-Vanillezucker
50 g Zucker
3 EL Preiselbeermarmelade
1 Prise Zimt

ZUBEREITUNG

1. Ofen auf 180 °C vorheizen und Muffinform mit 10 Papierförmchen auslegen.
2. Mehl, Backpulver, Natron, Salz, Muskat und Zucker in einer großen Schüssel vermischen.
3. In einer zweiten Schüssel Öl mit Soja-Joghurt und der Marmelade gut verrühren und zu den anderen Zutaten geben. Vorsichtig zu einem glatten Teig mischen.
4. Teig auf die Förmchen aufteilen und 16–19 Minuten backen oder so lang, bis ein Zahnstocher, in die Mitte des Cupcakes gestochen, sauber wieder herausgezogen werden kann. Komplett auskühlen lassen.
5. Für das Topping Sojamilch mit Mehl in einem Topf gut verrühren. Auf dem Herd vorsichtig erhitzen und dabei oft umrühren, bis die Sojamilch gut eingedickt ist und die Konsistenz von Pudding bekommen hat. Komplett auskühlen lassen.
6. In einer Schüssel Margarine und Zucker mit dem Handmixer verrühren und esslöffelweise die Sojamilch-Mischung hinzugeben. Kräftig weitermixen. Wenn alles gut gemixt ist, die Preiselbeermarmelade und etwas Zimt untermischen. Etwas kühl stellen und dann auf die Cupcakes streichen.

White Christmas Cookies

Diese Kekse sind saftig, knusprig und herrlich süß. Ich habe sie einem amerikanischen Rezept angeglichen, um mir und meinem Mann die Weihnachtszeit, die wir während unseres Aufenthalts in den USA genießen durften, nach Europa mitnehmen zu können.

FÜR 15 STÜCK

ZUTATEN

120 g weiße vegane Schokolade
80 g pflanzliche Margarine, weich
30 g weißer Zucker
70 g brauner Zucker
40 g Soja-Joghurt, natur
2 Pkg. Bourbon-Vanillezucker
170 g Mehl
½ TL Natron
¼ TL Salz

ZUBEREITUNG

1. Ofen auf 180 °C vorheizen und ein Backblech mit Backpapier auslegen.
2. Die weiße Schokolade hacken (in etwa 0,5 x 0,5 cm große Stücke) und für eine halbe Stunde in das Gefrierfach legen.
3. In der Zwischenzeit die Margarine mit Zucker und Soja-Joghurt gut vermixen. Mehl, Natron und Salz vermischen und mit den restlichen Zutaten zu einem Teig rühren, dann die kalte weiße Schokolade unterheben. Erneut den Teig etwa 10–15 Minuten in den Kühlschrank geben.
4. Den gekühlten Teig esslöffelweise zu festen Bällchen formen und mit etwas Abstand auf das Backblech setzen. Etwa 12–14 Minuten backen, bis die Kekse am Rand leicht gebräunt sind.
5. Aus dem Ofen nehmen. Die Kekse werden noch sehr weich sein, ca. 10 Minuten auf dem Blech sitzen lassen, dann auf einem Gitter oder Teller auskühlen lassen.

TIPP!

Der Trick, wenn man mit weißer Schokolade arbeitet, ist, sie zu kühlen, ansonsten verliert sie im Ofen komplett ihre Form und die Kekse verflüssigen sich.

Haferkekse

Ich liebe Haferflocken! Am besten sind sie natürlich verpackt in diese weichen, aromatischen Kekse, die noch etwas Biss von den zarten Haferflocken haben. Am besten schmecken sie mir mit einer großen Tasse Tee, während ich den Schneeflocken vorm Fenster zusehe.

ZUTATEN

1 EL Leinsamen, gemahlen
3 EL Wasser
130 g Mehl
½ TL Natron
¼ TL Salz
½ TL Zimt
100 g Haferflocken
110 g pflanzliche Margarine, weich
150 g brauner Zucker
1 Pkg. Bourbon-Vanillezucker

ZUBEREITUNG

1. Backofen auf 180 °C vorheizen. Ein Backblech mit Backpapier auslegen.
2. Leinsamen sehr gut mit Wasser vermischen und beiseitestellen.
3. Mehl mit Natron, Salz, Zimt und Haferflocken vermischen.
4. Margarine mit Zucker mit einem Mixer sehr gut vermischen, dann die Leinsamen dazu mixen.
5. Mit den restlichen Zutaten zu einem glatten Teig kneten. Aus je 1 EL Teig Bällchen formen und mit etwas Abstand auf das Blech setzen.
6. 13–16 Minuten backen, bis die Kekse am Rand leicht gebräunt, aber in der Mitte noch recht weich sind. Komplett auskühlen lassen.

FÜR ETWA 17 STÜCK

FÜR 16–18 COOKIES

Peanutbutter-Cookies

Es lebe die Erdnussbutter! Ich war jahrelang eine Kostverächterin und habe mein Näschen über dem köstlichen Nussmus gerümpft. Wie falsch ich doch lag! Diese Kekse sind knusprig, süß und haben einen köstlichen Erdnuss-Geschmack.

ZUTATEN

1 EL Leinsamen, gemahlen
2 EL Wasser
100 g Erdnussbutter (Erdnussmus)
80 g pflanzliche Margarine, weich
100 g brauner Zucker
40 g weißer Zucker
1 Pkg. Bourbon-Vanillezucker
¼ TL Salz
170 g Mehl
¾ TL Natron
1–2 EL Sojamilch

ZUBEREITUNG

1. Ofen auf 180 °C vorheizen.
2. Leinsamen mit Wasser sehr gut verrühren und beiseitestellen.
3. Erdnussbutter und Margarine gut verrühren, den Zucker hinzugeben und erneut gut verrühren.
4. Die Leinsamen und das Salz dazu mischen. Mehl mit Natron vermischen und gemeinsam mit der Sojamilch zu den restlichen Zutaten geben. Zu einem glatten Teig kneten.
5. Den Teig esslöffelweise zu Bällchen formen, auf das Blech setzen und mit der Gabel eindrücken. Etwa 12–15 Minuten backen, bis die Kekse leicht gebräunt und außen knusprig sind. Innen werden sie noch weich sein. Einige Minuten auf dem Blech auskühlen lassen und dann auf einen Teller legen, damit sie vollständig auskühlen.

Soft-Apple-Spice-Cookies

Diese Kekse sind weich, sehr saftig, leicht fruchtig und schmecken herrlich nach Gewürzen! Perfekt zu einer großen Tasse Tee.

ZUTATEN

70 g brauner Zucker
60 g pflanzliche Margarine, weich
125 g Apfelmus
150 g Mehl
¼ TL Natron
½ TL Zimt
1 großzügige Prise Gewürznelken, gemahlen
1 großzügige Prise Muskatnuss, gemahlen
¼ TL Salz
50 g Nüsse, gehackt (z.B. Cashews oder Walnüsse)
30 g vegane Schokotropfen

ZUBEREITUNG

1. Ofen auf 180 °C vorheizen. Ein Backblech mit Backpapier auslegen.
2. Zucker, Margarine und Apfelmus gut miteinander vermischen.
3. Restliche Zutaten in einer zweiten Schüssel verrühren, dann mit der Zuckermischung gut verrühren.
4. Den Teig teelöffelweise mit etwas Abstand auf das Blech setzen und etwa 10–12 Minuten backen, bis der Rand leicht gebräunt ist.

FÜR 13–15 STÜCK

Chocolate Crinkles

Kekse können oft bröselig sein, manche sogar etwas trocken, manche kann man nur gemeinsam mit einem großen Schluck Punsch schlucken: Diese Chocolate Crinkles sind aber saftige, weiche, unglaublich schokoladige Häppchen, die auf der Zunge zergehen.

ZUTATEN

1 EL Leinsamen, gemahlen
2 EL Wasser
30 g pflanzliche Margarine
100 g vegane Zartbitterschokolade
50 g brauner Zucker
100 g Mehl
½ TL Backpulver
1 Prise Salz
1 Prise Zimt
1 EL Sojamilch
50 g Staubzucker

ZUBEREITUNG

1. Backofen auf 180 °C vorheizen. Backblech mit Backpapier auslegen.
2. Leinsamen und Wasser sehr gut verrühren und beiseitestellen.
3. Margarine und Schokolade in einem Topf sehr vorsichtig schmelzen und dann etwas abkühlen lassen.
4. Braunen Zucker zu den Leinsamen geben und sehr gut verrühren.
5. Die Zucker-Leinsamenmischung zur geschmolzenen Schokolade geben und gut verrühren.
6. Mehl, Backpulver, Salz und Zimt vermischen. Dann die Schokolademischung dazugeben und mit 1 EL Sojamilch zu einem Teig kneten, etwas mehr Sojamilch nehmen, falls das nötig ist. Kurz kühl stellen (etwa 15 Minuten).
7. In der Zwischenzeit den Staubzucker in eine flache Schüssel sieben.
8. Den gekühlten Teig mit einem Teelöffel zu Bällchen formen. Die Teigkugeln im Staubzucker wälzen – es sollte eine richtig dicke Schicht darauf sein – und auf das Backpapier setzen.
9. Die Bällchen 9–13 Minuten backen. Die Kekse sollten am Ende Risse, die „Crinkles“, haben und sich am Rand leicht fest anfühlen. Komplett auskühlen lassen.

FÜR 16–18 STÜCK

Schoko-Maronen-Cupcakes

Diese saftigen Cupcakes haben einen wunderbar weihnachtlichen Geschmack. Durch die Maronen werden sie herrlich buttrig und zart, dazu passt die Schokoladeglasur ausgezeichnet!

FÜR 12 STÜCK

ZUTATEN

200 g Maronen, vorgegart
150 + 50 ml Sojamilch
180 g Mehl
3 TL Backpulver
¼ TL Salz
½ TL Zimt
160 g Zucker
1 Pkg. Bourbon-Vanillezucker
50 ml Öl

FÜR DIE SCHOKOLADEGLASUR

70 g Schokolade
3 ½ EL Sojamilch
1 Prise Zimt

ZUBEREITUNG

1. Ofen auf 180 °C vorheizen und eine Muffinform mit Papierförmchen auslegen.
2. Die Maronen mit 150 ml Sojamilch mit einem Stabmixer oder in einer Küchenmaschine glatt pürieren.
3. Mehl, Backpulver, Salz, Zimt und Zucker in einer großen Schüssel vermischen. Mit dem Maronen-Püree, dem Öl und der restlichen Sojamilch zu einem glatten Teig rühren.
4. Auf die Förmchen aufteilen und etwa 12–15 Minuten backen oder so lang, bis ein Zahnstocher, in die Mitte gestochen, sauber wieder entfernt werden kann. Komplett auskühlen lassen.
5. Für die Schokoladenglasur die Schokolade gemeinsam mit der Sojamilch und dem Zimt sehr vorsichtig schmelzen und dabei immer wieder umrühren. Kurz auskühlen lassen und auf die Cupcakes auftragen.

Snickerdoodles

Snickerdoodle ist nicht nur ein lustiges Wort, sondern auch ein wunderbar saftiger Keks mit warmem Zimtaroma. Ich garantiere Ihnen, dass Sie bald einen neuen Favoriten auf dem Keksteller haben werden.

ZUTATEN

1 EL Leinsamen, gemahlen
2 EL Wasser
170 g Mehl
1 TL Backpulver
¼ TL Salz
100 g pflanzliche Margarine, weich
40 g brauner Zucker
50 g weißer Zucker
2 Pkg. Bourbon-Vanillezucker

ZUM WÄLZEN

30 g Zucker
1 TL Zimt

ZUBEREITUNG

1. Ofen auf 180 °C vorheizen und ein Backblech mit Backpapier auslegen.
2. Leinsamen mit Wasser mischen und beiseitestellen.
3. Mehl mit Backpulver und Salz mischen und beiseitestellen.
4. Die Margarine mit dem Zucker und dem Vanillezucker sehr gut vermischen, am besten mit einem Handmixer, dann die Leinsamenmischung hinzugeben und erneut gut vermischen.
5. Das Mehl hinzugeben und zu einem glatten Teig kneten.
6. Zucker und Zimt in einer Schüssel vermischen. Esslöffelweise den Teig zu Kugeln formen und in der Zuckermischung wälzen.
7. Die Kugeln mit etwas Abstand auf das Blech setzen und etwa 10–12 Minuten backen.
8. Die Kekse werden noch weich sein, wenn sie aus dem Ofen kommen, aber sie werden nach dem Auskühlen fest. Komplett auskühlen lassen und dann luftdicht aufbewahren.

FÜR 16 STÜCK

FÜR ETWA 35 STÜCK

Zimtsterne

Wer mag nicht zu Weihnachten Zimtsterne! Leider gehört zum klassischen Rezept immer Ei, aber ich habe hier eins für Sie, das wirklich ganz fabelhaft schmeckt – mit richtig viel Zimt und einer hübschen Glasur, so wie es sich gehört. Noch dazu sind die Zutaten komplett glutenfrei. Es ist nicht aufwendig zu machen, man muss nur ein wenig Zeit einplanen. Während man aber auf die köstlichen Zimtsterne wartet, kann man ja Weihnachtsfilme ansehen, Geschenke verpacken oder einen Kopfstand machen (für die Yogis unter Ihnen).

FÜR DEN TEIG

1 EL Leinsamen, gemahlen
3 EL Wasser
150 g Staubzucker
1 EL Zimt
1 EL Sojamilch
100 g Mandeln, gemahlen
150 g Wal- oder Haselnüsse
1 Vanilleschote, Mark ausgekratzt

FÜR DIE GLASUR

70 g Staubzucker, gesiebt
1 EL Sojamilch
1 Prise Zimt (optional, für weiße Glasur weglassen)

ZUBEREITUNG

1. Leinsamen und Wasser gut vermischen und kurz beiseitestellen, dann mit den restlichen Zutaten für den Teig gut verkneten. Der Teig wird klebrig sein. 15 Minuten kühl stellen.
2. Die Arbeitsfläche mit Backpapier auslegen, Teig darauf legen und wieder Backpapier über den Teig geben, so ausrollen (ansonsten klebt er unglaublich). Mit einer Sternform Sterne ausstechen, sehr vorsichtig auf ein mit Backpapier ausgelegtes Tablett geben und die Sterne für ca. 3 Stunden kühl stellen (z.B. auf den Balkon).
3. Ofen auf 200 °C vorheizen.
4. Ein Backblech mit Backpapier auslegen und Sterne darauf legen, etwa 8–12 Minuten backen, die Sterne sollten dann an den Spitzen leicht gebräunt sein. Aus dem Ofen nehmen.
5. Nach etwa 10 Minuten die Sterne an der Unterseite mit einem Messer leicht vom Backpapier lösen und dann komplett auskühlen lassen.
6. Alle Zutaten für die Glasur vermischen und Sterne damit glasieren.

Weihnachtliche Muffins

Diese Muffins landen vor Weihnachten immer auf den Tischen meiner Arbeitskollegen, hübsch verpackt als kleines Weihnachtspräsent. Wenn Sie sie auch gerne verschenken möchten, dann lassen Sie sie komplett auskühlen und verpacken Sie sie luftdicht in ein Cellophan-Säckchen mit einer hübschen Schleife.

FÜR 18 STÜCK

ZUTATEN

350 g Mehl
100 g brauner Zucker
100 g weißer Zucker
2 Pkg. Bourbon-Vanillezucker
20 g Kakaopulver
1 ½ TL Natron
1 ½ TL Backpulver
½ TL Salz
3 TL Lebkuchengewürz
1 Vanilleschote, Mark ausgekratzt
150 g Apfelmus
120 ml Öl
350 ml Sojamilch
150 g vegane Schokotropfen (oder gehackte Schokolade)

ZUBEREITUNG

1. Ofen auf 180 °C vorheizen. Muffinform mit 18 Papierförmchen auslegen.
2. Mehl, Zucker, Kakaopulver, Natron, Backpulver, Salz, Lebkuchengewürz und Mark der Vanilleschote miteinander vermischen.
3. Apfelmus, Öl und Sojamilch hinzugeben und zu einem glatten Teig verrühren. Die Schokotropfen unterheben.
4. Den Teig gleichmäßig auf die Förmchen aufteilen und 15–18 Minuten backen.

KAPITEL III

SEI MEIN GAST

Alles für den weihnachtlichen Brunch

Bei vielen meiner Freunde hat sich ein weihnachtlicher Brunch oder eine Adventjause eingebürgert – viele sind an den Feiertagen selbst mit Verwandtenbesuchen beschäftigt, da ist es einfacher, liebe Menschen schon in der Adventszeit einzuladen. Natürlich möchte man da etwas Köstliches auftischen und seine Gäste so richtig verwöhnen. Wie wäre es mit einer herzhaften Kartoffelpfanne, Rührtofu und frisch gebackenen Brötchen? Oder doch süß mit Waffeln und Chia-Pudding? Oder allem (das wäre meine Empfehlung)?

FÜR 9 STÜCK

Brötchen mit getrockneten Tomaten

Ich komme aus einer brotgierigen Familie. Wir sind bekannt dafür, Brotkörbe zu inhalieren, ganze Baguettes als Snack zu essen und feuchte Augen beim Anblick von frischem Ciabatta zu bekommen. Die Low-Carb-Bewegung ist an uns offensichtlich vorübergegangen – ein Glück, sonst könnte ich Ihnen nicht diese hervorragenden Brötchen präsentieren! Der Hefeteig ist nicht schwierig herzustellen, aber die Brötchen bekommen ihren besonderen Kick durch die aromatischen getrockneten Tomaten. Ein Adventjausenhit!

ZUTATEN

1 EL Leinsamen, gemahlen
3 EL Wasser
380 g Mehl
1 Packung Trockenhefe
2 EL Zucker
1 TL Salz
150 ml Wasser, lauwarm
100 ml Sojamilch
2 EL Öl von den Tomaten
70 g getrocknete Tomaten in Öl, abgetropft und in feinen Stücken

ZUBEREITUNG

1. Leinsamen mit Wasser vermischen und beiseitestellen.
2. Mehl, Hefe, Zucker und Salz vermischen. Wasser, Sojamilch, Leinsamen, Öl und getrocknete Tomaten dazugeben und daraus mit der Hand oder der Küchenmaschine einen glatten Teig kneten – das kann einige Minuten dauern. Am Ende sollte der Teig nur mehr leicht klebrig sein, andernfalls etwas Mehl hinzufügen. Ist er zu trocken, einen Schuss Sojamilch hinzufügen.
3. Den Teig mit einem Tuch bedecken und an einem warmen Ort etwa 40 Minuten ruhen lassen.
4. Nach der Ruhezeit den Teig erneut kurz kneten (er sollte nun nicht mehr klebrig sein), und zu 9 Kugeln formen. Die Kugeln in eine gefettete Auflauf- oder Lasagneform setzen, sie können sich ruhig berühren. Erneut etwa 20 Minuten abgedeckt ruhen lassen.
5. Backofen auf 180 °C vorheizen.
6. Nun mit wenig Öl von den Tomaten bepinseln und im vorgeheizten Ofen etwa 35–40 Minuten backen, bis die Brötchen oben knusprig und auch unten durchgebacken sind (beim Klopfen an die Unterseite sollte es hohl klingen).
7. Die Brötchen aus dem Ofen nehmen, etwa 10 Minuten abkühlen lassen und erst dann aus der Form heben, um sie vollständig auskühlen zu lassen.

Schwedische Kartoffelpfanne

Früher gingen mein Mann und ich regelmäßig in ein schwedisches Möbelhaus zum Frühstück. Dort wurden aus einer großen Pfanne dampfende, knusprige Kartoffeln mit Schinken und Speck serviert. Was die Schweden können, kann ich auch, und so ist diese vegane Frühstückspfanne entstanden. Besonders gut schmeckt sie mit knusprigem Toast.

ZUTATEN

100 g Räuchertofu, in kleinen Würfeln
600 g festkochende Kartoffeln, geschält und in kleinen Würfeln
1 kleine Zwiebel, fein gewürfelt
1 + 1 EL Öl
Salz

ZUBEREITUNG

1. Den Räuchertofu in einer beschichteten Pfanne ohne Öl knusprig anbraten. Das dauert schon einige Minuten.
2. Tofu aus der Pfanne nehmen und Kartoffeln mit 1 EL Öl hineingeben. Leicht salzen, etwa 5 Minuten auf mittlerer Hitze braten.
3. Sobald die Kartoffeln weicher sind, das restliche Öl und den Zwiebel hinzugeben. Die Hitze etwas erhöhen und alles knusprig anbraten. Gegen Ende den Räuchertofu unterheben und mit Salz erneut abschmecken.

FÜR 3–4 PORTIONEN

Rührtofu

Rührtofu ist, wie der Name schon verrät, angelehnt an das klassische Rührei. Rührtofu ist perfekt für einen veganen Brunch, immerhin schmeckt er so gut, dass niemand die Eier vermissen wird! Das Geheimnis für richtig guten Rührtofu ist einerseits, den Tofu sehr gut anzubräunen – dafür darf man nicht andauernd in ihm herumstochern. Andererseits verleiht Kala Namak, auch schwarzes Salz genannt, dem Tofu den Geschmack nach frischen Eiern. Es ist im veganen Online-Versand und beim Gewürzspezialisten erhältlich und für die vegane Küche eine wunderbare Ergänzung. Den Rührtofu kann man mit Gemüse wie Zwiebel, frischem Spinat oder Paprika nach Gusto ergänzen.

FÜR 3 PORTIONEN

ZUTATEN

400 g Naturtofu
1 EL Öl
2 Zehen Knoblauch, gepresst
100 g Cocktailtomaten, fein gewürfelt
1 EL Sojasauce
¼ TL Kurkuma (oder mehr nach Geschmack)
5–6 EL Soja- oder Hafercuisine
2–2 ½ EL Edelhefeflocken
Kala Namak
frisch gemahlener Pfeffer

ZUBEREITUNG

1. Zunächst den Tofu auspressen: Dafür den Tofu in Küchenrolle packen und mit dicken Büchern oder anderen schweren Gegenständen beschweren. 30 Minuten pressen lassen.
2. Den Tofu trocken tupfen und in eine Pfanne bröseln, die Stücke sollten mundgerecht oder noch kleiner sein. Die Pfanne auf mittlere bis hohe Hitze bringen und den Tofu 10–15 Minuten ohne Rühren braten – wir wollen ihn bräunen. Ist eine Seite braun, dann durchmischen und erneut einige Minuten braten lassen.
3. Nun die Hitze etwas zurücknehmen, das Öl und den Knoblauch, anschließend die Cocktailtomaten, Sojasauce und Kurkuma dazugeben. Sehr gut durchmischen und den Tofu braten, bis die Tomaten weich sind.
4. Die Hitze fast vollständig zurücknehmen und Cuisine und Edelhefeflocken dazugeben, mit Kala Namak und frischem Pfeffer würzen und etwa 10 Minuten auf niedriger Hitze durchziehen lassen.

FÜR 4–5 PORTIONEN

Erdäpfelkas

Für Nicht-Österreicher ist Erdäpfelkas schwierig zu erklären: Im Prinzip Kartoffelpüree auf Brot? Dieser anfangs recht seltsam anmutende Aufstrich erobert aber schnell alle Herzen, immerhin schmeckt er auf dunklem Schwarzbrot einfach zu gut.

ZUTATEN

350 g Kartoffeln, weichkochend
20 g pflanzliche Margarine, weich
½ Zwiebel, sehr fein gewürfelt
100 ml Soja- oder Hafercuisine
1 EL gehackte TK-Kräuter (Schnittlauch, Dill, Petersilie oder eine Mischung)
¼ TL Kümmel
Salz

ZUBEREITUNG

1. Kartoffeln schälen, würfeln und weich kochen.
2. In einer Schüssel noch warm stampfen und auskühlen lassen.
3. Mit der Margarine, der Zwiebel und der Cuisine gut vermischen, Kräuter und Kümmel unterheben und mit reichlich Salz abschmecken. Vor dem Servieren noch etwas durchziehen lassen.

Papas Thunfischaufstrich

Als kleines Mädchen aß ich zu Abend am liebsten Papas Thunfisch-Aufstrich auf frisch getoastetem Brot. Nachdem weder Papa noch ich nun noch Thunfisch essen, wurde der Aufstrich kurzerhand veganisiert. Er schmeckt nicht nach Fisch, hat aber sonst alle köstlichen Zutaten. Und ganz ehrlich: Kichererbsen sind mir ohnehin wesentlich lieber! Am besten schmeckt der Aufstrich – richtig geraten – auf frisch getoastetem Brot. Wer keine Küchenmaschine hat, zerdrückt die Kichererbsen mit einer Gabel und würfelt die Gurken fein.

ZUTATEN

1 Dose Kichererbsen
100 g Gewürzgurken, grob geschnitten
2 TL Senf
2 EL Gurkenwasser
2 EL Soja- oder Hafercuisine
2 EL vegane Mayonnaise (oder Soja-Joghurt)
Pfeffer
Salz

ZUBEREITUNG

1. Kichererbsen abspülen und abtropfen lassen.
2. In einem Mixer oder einer Küchenmaschine die Gewürzgurken zu feinen Stücken verarbeiten (kein Brei).
3. In eine Schüssel füllen und nun die Kichererbsen im Mixer verarbeiten, bis eine Masse mit nicht zu großen Stückchen entstanden ist.
4. Zu den Gurken geben und mit Senf, Gurkenwasser, Cuisine und Mayonnaise verrühren.
5. Mit Pfeffer und Salz abschmecken und etwa 30 Minuten durchziehen lassen.

FÜR 4–5 PORTIONEN

Räuchertofuschnecken

Dieses Rezept habe ich vor Jahren von einer Freundin erhalten, und es hat seither tausende Menschen auf meinem Blog entzückt. Jedes Mal, wenn jemand sagt, dass er keinen Tofu mag, setze ich ihm diese Schnecken vor und verkünde immer erst nach der letzten Schnecke, dass die Hauptzutat Tofu ist. Fies, ich weiß.

ZUTATEN

200 g Räuchertofu
3 EL Tomatenmark
1 Zwiebel, sehr fein gewürfelt
2–3 EL Sojasauce
1 veganer Blätterteig aus dem Kühlregal

ZUBEREITUNG

1. Backofen auf 180 °C vorheizen.
2. Den Räuchertofu fein mit der Gabel zerdrücken oder einfach im Mixer zerkleinern.
3. Das Tomatenmark und die Zwiebel dazugeben, gut durchmischen und mit der Sojasauce abschmecken.
4. Den Blätterteig ausrollen und die Räuchertofumischung gleichmäßig auf dem Teig verteilen, an einem Ende ca. 2 cm frei lassen.
5. Den Blätterteig längs zusammenrollen, damit eine lange Rolle entsteht und die freibleibenden Enden schließen. Mit einem Messer in dünne Schnecken schneiden.
6. Ein Blech mit Backpapier auslegen und die Schnecken darauf legen, etwa 20–30 Minuten backen. Nach 15 Minuten die Teiglinge umdrehen, damit sie von allen Seiten knusprig werden. Vor dem Servieren auskühlen lassen.

FÜR ETWA 4–5 PORTIONEN

TIPP!

Veganer Blätterteig ist in jedem Supermarkt zu finden, anstatt mit Butter wird er mit pflanzlichem Fett hergestellt.

Weltbeste Waffeln

Ein Arbeitskollege hat einmal zu mir gesagt, dass ein Waffeleisen nur so ein Gegenstand ist, der unnütz herumsteht. Ich habe ihn nur ungläubig angesehen. Er hat mir leidgetan, denn was gibt es Besseres zum Frühstück als knusprige, warme Waffeln? Also stauben Sie Ihr Waffeleisen ab und probieren Sie sich an diesen herrlichen Waffeln! Sie brauchen durch die Hefe etwas Vorbereitungszeit, schmecken aber auch wirklich himmlisch.

FÜR 6–7 STÜCK

ZUTATEN

150 g Mehl
1 EL Zucker
1 Pkg. Bourbon-Vanillezucker
½ TL Zimt
¼ TL Salz
2 EL Öl
300 ml Sojamilch, lauwarm
½ Pkg. Trockenhefe (ca. 4 g)
1 EL Leinsamen, gemahlen
2 EL Wasser
¼ TL Natron
1 ½ TL Agavensirup

ZUBEREITUNG

1. In einer großen Schüssel Mehl, Zucker, Zimt und Salz vermischen.
2. Öl, lauwarme Sojamilch und Hefe dazugeben und sehr gut vermischen. Mit einem Tuch abdecken und den Teig an einem warmen Ort etwa 1 ½ Stunden rasten lassen.
3. Die Leinsamen mit Wasser vermischen und kurz beiseitestellen.
4. Anschließend Natron, Leinsamen und Agavensirup unter den Teig heben.
5. Das Waffeleisen vorheizen, gut einfetten und den Teig schöpfkellenweise verarbeiten. Die Verarbeitung variiert je nach Hersteller, üblicherweise muss aber jedes Waffeleisen sehr gut eingeölt werden. Dabei darf die Hitze nicht zu niedrig sein, damit der Teig nicht anklebt. Die Waffel ist meistens fertig, wenn nur mehr wenig Dampf aufsteigt. Falls sie sich schwer lösen lässt, einfach das Waffeleisen einen Spalt öffnen und mit einem Messer vorsichtig nachhelfen.
6. Die Waffeln mit Staubzucker, Schokoladensauce und frischem Obst servieren.

Müsli-Bratäpfel

Ich erinnere mich daran, als im Kindergarten für uns Kleine eine Überraschung bereitstand: Es gab Bratäpfel (die mochte ich nicht), und ich war schwer enttäuscht. Heute verstehe ich meine frühere Abneigung überhaupt nicht, denn gerade im Winter gibt es nichts Besseres, als einen duftenden, weichen Bratapfel. Diese hier kommen ohne Nüsse oder Trockenfrüchte aus und schmecken zum Brunch ganz wunderbar mit etwas veganem Soja-Vanillejoghurt.

ZUTATEN

4 mittelgroße Äpfel, ausgehöhlt (aber den Boden dran lassen)
50 g Haferflocken
50 g brauner Zucker
1 TL Zimt
4 x ½ TL pflanzliche Margarine

ZUBEREITUNG

1. Eine ofenfeste Form (z.B. für Lasagne) leicht einfetten und die Äpfel hineinstellen.
2. Ofen auf 180 °C vorheizen.
3. Haferflocken, Zucker und Zimt vermischen. Jeweils einen ½ TL Margarine auf jeden Apfel geben.
4. Etwa 20 Minuten backen, dann abdecken (z.B. mit Backpapier oder Alufolie) und erneut 20 Minuten backen, bis die Äpfel wunderbar weich sind. Noch warm servieren.

FÜR 4 PORTIONEN

Chocolate-Chip-Orange-Pancakes

Wem perfekte Pancakes mit Schokostückchen nicht schmecken, ist selber schuld! Diese hier sind fluffig, saftig und dank der Orange festlich genug für ein weihnachtliches Frühstück mit der ganzen Familie. Der Trick für richtig gute Pancakes ist, den Teig nicht zu viel zu rühren, am besten nur wenig mit einer Küchenspachtel.

FÜR 8 PANCAKES

ZUTATEN

1 EL Leinsamen, gemahlen
2 EL Wasser
200 ml Sojamilch
1 TL Essig
130 g Mehl
2 EL Zucker
1 TL Backpulver
½ TL Natron
Abrieb einer Bio-Orange
1 Prise Zimt
1 Prise Salz
50 g vegane Schokotropfen oder gehackte Schokolade
1 EL Öl
Etwas Öl zum Braten

ZUBEREITUNG

1. Leinsamen mit Wasser sehr gut vermischen und beiseitestellen.
2. Sojamilch mit Essig vermischen und beiseitestellen.
3. Die restlichen Zutaten bis auf das Öl, die Sojamilch und die Leinsamen in einer Schüssel miteinander vermischen, in der Mitte eine Mulde formen.
4. Öl mit den Leinsamen und der Sojamilch verrühren. Alles in die Mulde der trockenen Zutaten gießen. Sehr behutsam mit einer Spachtel vermischen, es soll sich ein Teig ohne große Klumpen bilden. Nicht zu viel mischen! Etwa 5 Minuten ruhen lassen.
5. Etwas Öl in einer beschichteten Pfanne auf mittlere Hitze bringen. Jeweils eine Schöpfkelle Teig in die Mitte der Pfanne gießen. Deckel auf die Pfanne geben und einige Minuten braten.
6. Den Pfannkuchen erst wenden, wenn der Teig großteils fest geworden ist und er nur noch in der Mitte flüssig ist. Auf der zweiten Seite etwas weniger lang braten und dann aus der Pfanne nehmen. Wiederholen, bis der Teig verbraucht ist.
7. Die Pancakes mit Schokoladensauce oder Ahornsirup servieren.

FÜR 5–6 PORTIONEN

Zimtschnecken

Es gibt an einem kalten Wintertag wirklich nichts Besseres, als den Duft von Zimtschnecken, die frisch aus dem Ofen kommen. Obwohl: Schmecken tun sie fast noch besser! Wer es einmal schwedisch probieren möchte, gibt eine ordentliche Prise gemahlenen Kardamom in die Füllung.

FÜR DEN TEIG

1 EL Leinsamen, gemahlen
3 EL Wasser
250 g Mehl
½ EL Zucker
1 Pkg. Trockenhefe
½ TL Salz
30 g pflanzliche Margarine, weich
125 ml Sojamilch, lauwarm

FÜR DIE FÜLLUNG

Etwas pflanzliche Margarine, weich
50 g brauner Zucker
1–1 ½ TL Zimt

FÜR DIE GLASUR

100 g Staubzucker, gesiebt
3 EL Sojamilch

ZUBEREITUNG

1. Ofen auf 180 °C vorheizen.
2. Leinsamen mit Wasser sehr gut verrühren, beiseitestellen.
3. Mehl, Zucker, Hefe und Salz in einer großen Schüssel vermischen, alle restlichen Zutaten hinzufügen und zu einem glatten Teig kneten. Die Schüssel mit einem Geschirrtuch abdecken, an einem warmen Ort eine Stunde ruhen lassen, der Teig sollte sich verdoppelt haben.
4. In der Zwischenzeit für die Füllung Zimt und Zucker in einer kleinen Schüssel vermischen.
5. Den Teig auf einer leicht bemehlten Oberfläche dünn zu einem Rechteck ausrollen. Großzügig die ganze Fläche mit weicher Margarine bestreichen und gleichmäßig mit der Zucker-Zimt-Mischung bestreuen.
6. Der langen Seite nach den Teig aufrollen und vorsichtig mit einem scharfen Messer in ca. 3 cm lange Stücke schneiden.
7. Eine ofenfeste, große Form (z.B. Lasagneform) gut einfetten und die Schnecken hineinsetzen, sie dürfen sich ruhig berühren. Erneut mit einem Geschirrtuch abdecken und etwa 30 Minuten ruhen lassen
8. Danach die Teiglinge 25–30 Minuten backen, bis sie goldbraun und durchgebacken sind.
9. Für die Glasur alle Zutaten miteinander vermischen und über die noch warmen Zimtschnecken gießen.

FÜR EINE KASTENFORM (30 CM)

Marzipankuchen

Viele mögen kein Marzipan – was ich überhaupt nicht verstehe. Marzipan ist doch so köstlich! Vermutlich stammt diese Abneigung gegen die unschuldige Mandelmasse aus der Begegnung mit picksüßen, knallpinken Marzipanschweinchen. Marzipan, richtig zubereitet, hat aber einen angenehm milden Geschmack, der in diesem saftigen, buttrigen Kuchen perfekt zur Geltung kommt. Der Kuchen ist sicher der Star auf jeder Adventjause und jedem weihnachtlichen Kaffeekränzchen. Wer den Mandelgeschmack noch erhöhen will, benutzt Mandelmilch und gibt 2–3 EL Amaretto in den Teig.

FÜR DEN TEIG

200 g Marzipan
200 + 50 ml Soja- oder Mandelmilch
250 g Mehl
2 ½ TL Backpulver
½ TL Natron
2 Pkg. Bourbon-Vanillezucker
110 g Zucker
½ TL Salz
100 ml Öl
2 EL Rum oder Amaretto (optional)

FÜR DIE GLASUR

60 g Zartbitterschokolade
2 EL Sojamilch

ZUBEREITUNG

1. Ofen auf 180 °C vorheizen. Eine Kastenform mit Backpapier auslegen und an den Seiten einfetten.
2. Marzipan mit 200 ml Sojamilch in einen Topf geben und bei niedriger Hitze unter ständigem Rühren langsam so lange erwärmen, bis das Marzipan komplett aufgelöst ist (ev. mit dem Stabmixer nachhelfen). Beiseitestellen und etwas abkühlen lassen.
3. Mehl, Backpulver, Natron, Zucker und Salz in einer großen Schüssel verrühren. Öl, Rum, Marzipanmilch und restliche Milch hinzugeben und zu einem glatten Teig rühren.
4. Teig in die Form streichen und etwa 30–40 Minuten oder so lang backen, bis ein Zahnstocher, in den Teig gestochen, sauber wieder entfernt werden kann. Komplett auskühlen lassen.
5. Für die Glasur Schokolade und Sojamilch langsam unter gelegentlichem Rühren erhitzen, dann warm auf den Kuchen auftragen.

Süßes Karottenbrot

Dieses süße Brot hat eigentlich eher etwas von einem Kuchen, aber es macht sich auch sehr gut, wenn man es dick mit Marmelade, Erdnussbutter oder veganem Schokoaufstrich bestreicht und eine große Tasse Tee dazu trinkt.

ZUTATEN

200 ml Sojamilch
1 TL Essig
3 EL Leinsamen, gemahlen
4 EL Wasser
350 g Mehl
1 ½ TL Natron
½ TL Backpulver
¾ TL Salz
1 ½–2 TL Zimt
130 g brauner Zucker
100 ml Öl
150 g geriebene Karotten
70 g gehackte Walnüsse

ZUBEREITUNG

1. Sojamilch mit Essig mischen und beiseitestellen.
2. Leinsamen sehr gut mit Wasser verrühren und beiseitestellen.
3. Den Ofen auf 180 °C vorheizen. Eine Brotbackform mit Backpapier auslegen.
4. Mehl, Natron, Backpulver, Salz, Zimt und Zucker vermischen und mit den restlichen Zutaten zu einem glatten Teig rühren.
5. In die Brotbackform füllen und 40–50 Minuten oder so lang backen, bis ein Zahnstocher, in die Mitte des Teigs gestochen, sauber wieder entfernt werden kann. Ich decke das Brot nach etwa 30 Minuten mit etwas Alufolie ab, damit es nicht zu braun wird.
6. Vor dem Servieren komplett auskühlen lassen.

FÜR EINE BROTBACKFORM (30 CM)

Kokos-Chia-Pudding

Chiasamen platzen nicht nur fast vor lauter Nährstoffen, sie quellen in Flüssigkeit mit der Zeit auch auf – so kann man sehr leckeren und gesunden Pudding machen, der in der völlernden Weihnachtszeit sicher willkommen ist. Der Pudding wird umso fester, je länger man ihn im Kühlschrank stehen lässt – wenn er zu fest wird, einfach auf Raumtemperatur bringen und gegebenenfalls ein paar Esslöffel Sojamilch einrühren und weiteressen.

ZUTATEN

50 g Chiasamen
2 Pkg. Bourbon-Vanillezucker
¾ TL Zimt
⅛ TL Salz
1 ½ TL Agavensirup
25 g Kokosflocken
150 ml Kokosmilch
100 + 100 ml Sojamilch

ZUBEREITUNG

1. In einer Schüssel alle Zutaten (bis auf 100 ml Sojamilch) gut miteinander vermischen. Die Schüssel für 1 Stunde in den Kühlschrank stellen und dabei gelegentlich umrühren.
2. Nach einer Stunde sollte der Pudding dicker geworden sein, die restliche Sojamilch hinzufügen, bis die gewünschte Konsistenz erreicht ist, und erneut etwa 30–45 Minuten kühl stellen.

FÜR 4–5 PORTIONEN

TIPP!

Den Pudding kann man mit einer schnellen Himbeersaucee servieren (Seite 37). Er schmeckt auch mit fein gewürfelter Ananas, Mango oder Banane sehr gut, mit Granatapfelkernen wirkt er besonders festlich. Achtung, der Pudding braucht etwas Vorbereitungszeit!

KAPITEL IV

NUR FÜR DICH

Selbstgemachte Geschenke

Ganz ehrlich: Die wenigsten freuen sich über das fünfte Paar Socken, den langweiligen Gutschein oder die penetrante Duftkerze. Warum also nicht etwas Selbstgemachtes unter den Christbaum legen? Mit schöner Verpackung rundum kommen solche Geschenke von Herzen – und umweltfreundlich sind sie obendrein, weil man sie einfach aufessen kann. Als Verpackungsmaterialien empfehlen sich saubere Marmeladegläser (für Nüsse, Gewürz- und Backmischungen), Cellophansäckchen (für Muffins und Süßes) und natürlich schöne Schleifen, Bänder und frische Tannenzweige.

Kokos-Karamell-Sauce

Eine süße Sauce, die nach braunem Zucker und leicht nach Kokos schmeckt und perfekt zu Kuchen, Eis, Obstsalat, in Kaffee oder in Kakao passt: Würden Sie so etwas nicht gern geschenkt bekommen? Am besten in einer hübschen kleinen Flasche verpackt, so macht es die meiste Freude.

ZUTATEN

250 ml Kokosmilch
2 Pkg. Bourbon-Vanillezucker
50 g brauner Zucker

ZUBEREITUNG

1. Alle Zutaten in einem Topf sehr gut verrühren. Auf niedriger bis mittlerer Hitze zum Kochen bringen – die Sauce soll sanft blubbern, nicht wild kochen! 45–60 Minuten köcheln lassen.
2. Komplett auskühlen lassen und anschließend über Nacht in den Kühlschrank stellen, damit die Sauce noch fester wird. Hält sich im Kühlschrank etwa eine Woche.

FÜR CA. 200 ML

FÜR 1 BACKMISCHUNG

Backmischung für vegane Muffins

Backmischungen in Gläsern sehen hübsch aus und sind besonders für liebe Menschen geeignet, die sonst vielleicht keine veganen Muffins backen würden. Vergessen Sie nicht, eine Backanleitung beizulegen!

ZUTATEN

200 g Mehl
150 g Zucker
1 Pkg. Bourbon-Vanillezucker
30 g Kakaopulver
1 TL Natron
½ TL Salz
40 g vegane Schokotropfen
30 g gehackte Nüsse

ZUBEREITUNG

1. In einem schönen Schraub- oder Bügelglas nacheinander die Zutaten vorsichtig einfüllen, sodass die Schichten von außen sichtbar sind.
2. Folgende Anweisung auf ein kleines Kärtchen schreiben: „Zum Backen muss das Glas geschüttelt und der Inhalt in einer Schüssel mit 1 EL Essig und 250 ml Wasser zu einem Teig vermischt werden. Auf 10 Muffinformen aufteilen und bei 180 °C etwa 14–16 Minuten backen."

Erdnuss-Quinoa-Riegel mit Schokolade

Rice Krispy Treats habe ich immer sehr gerne gegessen – das sind kleine Riegel aus Puffreis mit vielen Marshmallows. Bei meinem Versuch, eine etwas gesündere Variante zu finden, sind diese tollen Riegel mit gepufftem Quinoa und Erdnussbutter entstanden, die nur mit Agavensirup gesüßt werden, aber trotzdem sehr sündig schmecken.

ZUTATEN

100 g gepuffter Quinoa
1 Prise Salz
1 Prise Zimt
110 g Agavensirup
100 g Erdnussbutter
130 g vegane Schokolade

ZUBEREITUNG

1. Eine kleine, rechteckige Form (z.B. für Brownies, ca. 20 x 20 cm) oder eine kleine Springform (22 cm) mit Backpapier auslegen.
2. Quinoa mit Salz und Zimt in einer großen Schüssel vermischen und beiseite stellen.
3. Agavensirup und Erdnussbutter in einen Topf geben und vorsichtig erhitzen, dabei häufig umrühren.
4. Sobald die Mischung heiß und gut vermengt ist, über den Quinoa leeren, und fleißig vermischen, dabei mit dem Löffel die Mischung immer wieder glatt streichen.
5. Solang die Mischung noch warm ist, die Masse mit einem sauberen, leicht angefeuchteten Löffel fest in die Form drücken. Etwa 30 Minuten in den Kühlschrank stellen.
6. Nun die Schokolade vorsichtig schmelzen (z.B. in der Mikrowelle oder in einem Topf) und auf die Riegel streichen. Mindestens eine Stunde kalt stellen.
7. Nun die Riegel in der Form mit einem scharfen Messer in 12 Stücke schneiden und vorsichtig herauslösen.

FÜR 12 STÜCK

TIPP!

Anstatt gepufften Quinoa kann man auch gepufften Reis oder Amaranth verwenden. Am besten verschenkt man diese Riegel in kleinen Cellophan-Säckchen, luftdicht verschlossen.

Weihnachtliche Nüsse

Wer knabbert nicht gern zu Weihnachten? Dieser weihnachtliche Knabbermix ist ein tolles Geschenk, das Sie in einem Glas oder einem Cellophanbeutel hübsch verpacken können. Garam Masala ist eine indische Gewürzmischung aus Zimt, Kumin, Gewürznelken und anderen Köstlichkeiten, die ich sehr gerne benutze.

ZUTATEN

300 g gemischte Nüsse (z.B. Walnüsse, Cashews, Haselnüsse…)
¾ TL Garam Masala
½ TL Paprikapulver, edelsüß
½ TL Salz
1 EL Öl
1 EL brauner Zucker

ZUBEREITUNG

1. Die Nüsse in einer Pfanne ohne Öl rösten, bis sie leicht bräunlich sind und duften.
2. Garam Masala, Paprikapulver und Salz hinzugeben und gut verrühren.
3. Öl und Zucker hinzugeben und unter Rühren etwa 3–5 Minuten rösten, dann auf einem großen Teller zum Abkühlen ausbreiten.

FÜR 2 GESCHENKE

Vanillezucker de luxe

Als hätte eine Schallplatte einen Sprung, so hört es sich an, wenn ich auf meinem Blog und in meinen Büchern immer wieder darauf bestehe, dass zum Backen nur Bourbon-Vanillezucker mit echter Vanille benutzt werden soll: Bitte, Finger weg von Vanillinzucker! Wenn Sie lieben Menschen eine Freude machen wollen, die vielleicht noch nicht in den Genuss von echtem Vanillezucker gekommen sind, eignet sich ein Glas von diesem Vanillezucker de luxe am besten. Ich benutze ihn selbst beim Backen und bin begeistert.

ZUTATEN

2 Vanilleschoten
150 g Zucker

ZUBEREITUNG

1. Von den Vanilleschoten das Mark auskratzen und sehr gut mit dem Zucker verrühren (geht am besten mit einer Gabel).
2. Die Schoten in grobe Stücke schneiden und in den Zucker hineinstecken.
3. In ein luftdicht verschließbares Glas geben und für mindestens drei Tage ziehen lassen – je länger, desto intensiver wird der Geschmack.

FÜR 1 KLEINES GLAS

Tacogewürz

Ay, caramba – ich liebe mexikanisches Essen! Fertige Mexiko-Gewürzmischungen aus dem Supermarkt sind meistens zu salzig und enthalten zu viel Fett und Geschmacksverstärker. Diese hier enthält nur unschuldige Zutaten und schmeckt außerdem viel besser.

ZUTATEN

20 g Paprikapulver, edelsüß
1 EL granulierter Knoblauch
1 EL Oregano
2 ½ TL Cumin
½–1 TL Cayennepfeffer (je nach gewünschter Schärfe)
1 großzügige Prise frisch gemahlener Pfeffer
1 großzügige Prise Zimt

ZUBEREITUNG

Alle Zutaten gut miteinander vermischen und in ein Schraubglas füllen.

TIPP!

Diese Gewürzmischung benutze ich gerne für Gemüsepfannen, um ihnen einen besonderen Geschmack zu verleihen. Gern befülle ich dann damit Burritos und esse sie mit richtig viel Guacamole. Pro Gemüsepfanne benutze ich etwa 2–3 EL der Mischung.

To
From

Buckeyes

Buckeye ist das englische Wort für Kastanie und so sehen diese kleinen Erdnussbutter-Schoko-Verführungen auch aus. Ich finde sie sehr köstlich – und sie sehen so niedlich aus.

FÜR 20 STÜCK

ZUTATEN

50 g pflanzliche Margarine, weich
180 g Erdnussbutter (Erdnussmus)
2 Pkg. Bourbon-Vanillezucker
Salz
120–160 g Staubzucker (Puderzucker)
150 g Zartbitter-Schokolade, grob gehackt
20 Pralinenförmchen aus Papier
20 Zahnstocher

ZUBEREITUNG

1. Margarine, Erdnussbutter, Bourbon-Vanillezucker und Salz sehr gut verrühren.
2. Den Staubzucker langsam unterheben, dabei mit 120 g starten, aber max. 160 g hinzugeben. Sehr gut rühren, bis eine formbare Masse entsteht.
3. Nun teelöffelweise Bällchen formen, in die Pralinenförmchen legen und jeweils einen Zahnstocher vorsichtig in jedes Bällchen stecken, dabei nicht ganz durchstechen. Die Bällchen für etwa 35–40 Minuten in das Tiefkühlfach geben.
4. Schokolade in einem Topf sehr vorsichtig schmelzen.
5. Die Bällchen aus dem Tiefkühler nehmen und jedes Bällchen zur Hälfte bis zwei Drittel in Schokolade tunken, dabei oben ein Auge freilassen, sodass sie aussehen wie kleine Kastanien. Auf einen mit Backpapier ausgelegten Teller legen, vorsichtig den Zahnstocher herausziehen und das entstandene Loch sanft mit dem Finger oder einem kleinen Löffel glätten. Kühl stellen, bis die Schokolade fest ist.
6. Im Kühlschrank aufbewahren, so schmecken die Buckeyes am besten.

FÜR 1 GLAS

Body Scrub

Kennen Sie die oft maßlos überteuerten Körperpeelings? Warum nicht selbst eines machen und verschenken? Dieses hier kommt mit ganz wenigen Zutaten aus und fühlt sich auf der Haut wunderbar an! Theoretisch könnten Sie es sogar essen, obwohl es vermutlich doch etwas eigenartig schmecken würde, dafür duftet es umso besser.

ZUTATEN

120 g brauner Zucker
30 g Bio-Olivenöl oder Bio-Kokosöl, geschmolzen
1 EL Zimt
¼ TL Gewürznelken, gemahlen

ZUBEREITUNG

1. Alle Zutaten sehr gut miteinander vermischen.
2. In ein luftdicht verschließbares Glas füllen und für einen Tag ziehen lassen.

KAPITEL V

HOCH DIE TASSEN

Weihnachtliche Drinks

Wer an Weihnachten denkt, dem fällt meist zuerst Glühwein oder Punsch ein. Auch Getränke gehören zu Weihnachten! Egal, ob es alkoholische und alkokolfreie Klassiker vom Weihnachtsmarkt sind, raffinierte Aperitifs wie der Cranberry Gin Tonic, heiße Getränke wie Chai oder Kakao, die den Nachmittag versüßen oder gesunde Alternativen wie Smoothies – hier ist sicherlich für jeden etwas dabei!

Heiße Schokolade

Was gibt es Besseres als eine große Tasse heißen Kakao an einem kalten Winterabend? Wer möchte, isst zu seiner heißen Schokolade ein paar vegane Marshmallows oder gibt ein Häubchen vegane Schlagsahne drauf.

ZUTATEN

250 ml Vanille-Sojamilch
1 EL brauner Zucker
2 gehäufte TL Kakaopulver
1 Prise Zimt
1 Stück vegane Schokolade (optional)
Marshmallows, vegane Schlagsahne (optional)

ZUBEREITUNG

1. Vanille-Sojamilch, Zucker, Kakaopulver und Zimt in einem Topf vermischen und erhitzen, bis sich der Zucker aufgelöst hat.
2. Nun nach Belieben ein Stück vegane Schokolade darin schmelzen. In eine große Tasse füllen und mit etwas veganer Schlagsahne oder veganen Marshmallows servieren.

FÜR 1 GROSSE TASSE

FÜR 6–8 PORTIONEN

Alkoholfreier Punsch

Auf Weihnachtsmärkten ist alkoholfreier Punsch meistens nur liebloser, heißer Fruchtsaft. Diese Version enthält hingegen viele weihnachtliche Gewürze und schmeckt sowohl Erwachsenen als auch Kindern.

ZUTATEN

1 Bio-Orange
2 Zimtstangen
6 Gewürznelken
1 Sternanis
2 TL brauner Zucker
½ Apfel, in groben Stücken
½ Zitrone, in groben Stücken
300 ml Wasser
1 l Traubensaft
300 ml Apfelsaft
5 TL Agavensirup

ZUBEREITUNG

1. Die Schale der Orange einritzen, Frucht auspressen, die verbliebenen Schalen in grobe Stücke schneiden.
2. In einem großen Topf Orangenstücke und -saft, Zimtstange, Gewürznelken, Sternanis, Zucker, Apfel, Zitrone und Wasser vermischen und für etwa 10 Minuten köcheln lassen.
3. Die restlichen Zutaten dazu mischen, erhitzen und für mindestens 30 Minuten ziehen lassen (der Sternanis kann vorher entfernt werden, da er einen sehr starken Geschmack hat).

Glühwein

Es ist schwierig, qualitätvollen Glühwein zu bekommen – billiger Rotwein mit Zimtaroma und kiloweise Zucker ist eine Beleidigung für den guten Geschmack. Darum mache ich Glühwein am liebsten selbst. Ich habe ihn lieber etwas leichter und mit viel weihnachtlichem Aroma.

ZUTATEN

1 Bio-Orange
100 ml Orangensaft
200 ml Wasser
8 Gewürznelken
3 Zimtstangen
4 EL brauner Zucker
600 ml Rotwein

ZUBEREITUNG

1. Die Schale der Orange einritzen, Frucht auspressen, die verbliebenen Schalen in grobe Stücke schneiden.
2. Orangensaft und Schalen mit den restlichen Zutaten bis auf den Wein in einem großen Topf vermischen und köcheln lassen, bis der Zucker sich aufgelöst hat.
3. Hitze reduzieren, Rotwein hinzugeben und den Glühwein mindestens eine halbe Stunde – am besten noch etwas länger – ziehen, aber nicht kochen lassen.

FÜR CA. 1 LITER

Chai

Wussten Sie, dass das Wort Chai einfach nur Tee bedeutet? Das nächste Mal, wenn Sie also Chai-Tee bestellen, haben Sie doppelt gemoppelt. Aber ganz gleich, wie Sie ihn nennen, dieser Chai ist wunderbar aromatisch und schmeckt sicher nicht nur Yogis! Für die Gewürze besuche ich übrigens gern einen Asiamarkt, dort gibt es meistens die beste und günstigste Auswahl.

ZUTATEN

1 Zimtstange
3 Stück grüner Kardamom
3 Gewürznelken
1 kleines Stück Ingwer , frisch (ca. 1 cm lang)
250 ml Wasser
1 EL Ahornsirup
50 ml Sojamilch
1 Beutel schwarzen Tee

ZUBEREITUNG

1. Alle Zutaten (bis auf Sojamilch und Teebeutel) in einen Topf geben. Alles aufkochen und für 2–3 Minuten köcheln lassen.
2. Sojamilch und Ahornsirup hinzugeben, von der Herdplatte nehmen und 10 Minuten ziehen lassen.
3. Nun erneut aufkochen, den Teebeutel hineingeben und 3–5 Minuten ziehen lassen.
4. In eine große Tasse füllen, dabei die Gewürze auffangen.

FÜR 1 GROSSE TASSE

FÜR 1 PORTION

Tannenbaum-Smoothie

Nur weil Weihnachten ist, muss man nicht komplett auf Vitamine verzichten, nicht wahr? Dieser Smoothie ist so grün wie ein Tannenbaum und enthält so viel gesunde Zutaten, die einen wieder fit machen fürs Keksebacken.

ZUTATEN

1 ½ Mandarinen
1 Handvoll Spinat, Grünkohl und Pak Choi
½ Banane, gefroren
200 ml naturtrüber Apfelsaft
1 Prise Zimt
etwas Wasser

ZUBEREITUNG

Alle Zutaten in einem Mixer pürieren und etwas Wasser hinzugeben, falls der Smoothie zu dick wird.

TIPP!

Ich habe für Smoothies immer Bananen im Gefrierfach, die ich vor dem Einfrieren schäle und halbiere. Am besten verwendet man dafür sehr reife Bananen (die in meinem Haushalt ohnehin niemand mehr essen möchte).

Süßkartoffel-Smoothie

Süßkartoffeln? Im Smoothie? Ja, das geht, und es schmeckt traumhaft cremig und leicht süß. Außerdem hält es schön satt und nach all der Weihnachtsmarkt-Völlerei ist es doch wichtig, ein paar Vitamine in sich hinein zu schlürfen.

ZUTATEN

100 g Süßkartoffeln, geschält, weich gedämpft und ausgekühlt
1 reife Banane, gefroren
¼ TL Zimt (oder mehr)
200 ml Wasser oder Sojamilch

ZUBEREITUNG

Alle Zutaten in einen Mixer geben und zu einem köstlichen Smoothie pürieren.

FÜR 1 PORTION

FÜR CA. 700 ML

Veganer Baileys

Lustigerweise mochte ich Baileys früher überhaupt nicht. Allerdings will man ja immer, was man nicht haben kann, und an einem kalten Dezembertag sehnte ich mich nach einer Portion dieses cremigen Feiertagsgetränks. Die vegane Version ist genauso köstlich wie das Vorbild, und schmeckt entweder sehr gut in einem Glas mit jeder Menge Eiswürfeln oder auch über etwas veganes Vanilleeis gegossen – hmmm!

ZUTATEN
300 ml Kokosmilch
200 ml Vanille-Sojamilch
3–4 EL brauner Zucker
80 ml starker Kaffee
80–100 ml Whiskey oder Bourbon

ZUBEREITUNG

1. Kokosmilch mit Vanille-Sojamilch und braunem Zucker in einen Topf geben, zum Köcheln bringen und für etwa 15 Minuten köcheln lassen, dabei gelegentlich umrühren.
2. Von der Herdplatte nehmen, mit den restlichen Zutaten mischen und kalt stellen. Im Kühlschrank aufbewahren und vor dem Servieren den Baileys umrühren.

TIPP!

Für eine alkoholfreie Variante den Whiskey weglassen und mit etwas mehr Kaffee ersetzen.

FÜR 2–3 PORTIONEN

Apple Cider

Eine geschmackvolle Alternative zum alkoholfreien Punsch ist Apple Cider. Besonders schön sieht er aus, wenn man ihn mit einer Zimtstange und ein paar fein geschnittenen Äpfeln im Glas serviert. Je nach Art der Äpfel schmeckt er unterschiedlich. Besonders gut ist er auch mit naturtrübem Apfelsaft.

ZUTATEN

600 ml Apfelsaft
2 Zimtstangen
1 kleiner Apfel, entkernt und grob geschnitten
6 Gewürznelken
2 EL brauner Zucker

ZUBEREITUNG

1. Alle Zutaten in einen Topf geben und zum Kochen bringen.
2. Etwa 15 Minuten schwach köcheln lassen, dann heiß servieren.

Cranberry-Gin-Tonic

Gin ist die einzige Spirituose, die ich wirklich gern trinke – vielleicht aus meiner Liebe zu England. Und wenn es für die Queen Mum gut genug war, dann ist es das für mich natürlich auch. Dieser Cranberry-Gin-Tonic ist leicht süßlich und erhält durch den Cranberry-Saft eine wunderschöne Farbe. Wer ihn gern stärker trinkt, gibt 4 cl hinein, aber falls Sie dann plötzlich laut Weihnachtslieder singen sollten: Ich habe Sie gewarnt!

ZUTATEN

2 cl Gin
100 ml Cranberry-Saft
125 ml Tonic Water
2–3 Eiswürfel
1 schmale Spalte einer Bio-Orange

ZUBEREITUNG

1. Gin, Cranberry-Saft und Tonic Water in einem Glas vermischen und Eiswürfel hinzugeben.
2. Die Orangenspalte leicht zusammendrücken (damit der Saft herauskommt) und in das Glas geben.

FÜR 1 PORTION

FÜR 4 PORTIONEN

Veganer Eierpunsch

Die Liebe zu Eierlikör habe ich nie verstanden – den Geschmack von Eiern vermisse ich wirklich nicht. Aber natürlich finde ich es toll, zu Weihnachten einen cremigen, süßlichen Drink in der Hand zu haben, der mit etwas Rum darin auch die Witze von Onkel Hans erträglich macht.

ZUTATEN

350 g veganer Vanille-Pudding
350 ml Sojamilch
5 cl Rum (oder mehr)
1 TL Agavensirup
1 Prise Salz
1 Prise Muskatnuss, frisch gerieben (oder etwas Zimt)

ZUBEREITUNG

1. Alle Zutaten bis auf den Muskat pürieren und kühl stellen.
2. Zum Servieren den kalten Eggnog in ein Martiniglas füllen und mit etwas frisch geriebenem Muskat bestreuen.

TIPP!

Ich benutze für den Pudding den fertigen Soja-Pudding, den man im Supermarkt bekommt, da ich es mir bekanntlich gern leicht mache. Wer keinen Alkohol mag, gibt etwas Rum-Aroma dazu.

ANHANG

S

T

V

W

Z

Danksagung

Ein Traum ist in Erfüllung gegangen – ein Buch über Weihnachten, und noch dazu vegan! Darüber freue ich mich sehr.

Ein Buch schreibt sich selten alleine. Mein größter Dank gilt meiner Familie. Allen voran meinem Ehemann M., der meine unbändige Freude an der Weihnachtszeit nun schon so lange erträgt und sich gelegentlich anstecken lässt und ohne zu Murren im Juli Weihnachtskekse isst, Jingle Bells das ganze Jahr über hört und hinter mir in der Küche aufräumt.

Der Dank geht auch an meine Eltern und meine Oma Thea dafür, dass sie mir die Weihnachtszeit als Kind immer so magisch gestaltet haben, mit Keksduft, Lichtern, selbstgefülltem Adventkalender, Spaziergängen im Schnee und dem Warten auf Christkind.

Dank ergeht natürlich auch an das Team vom Kneipp-Verlag, das sich diesem besonderen Thema angenommen hat.

Und ein großer Dank muss auch an all die treuen Leserinnen und Leser meines Blogs Totally Veg! gehen – ohne sie gebe es dieses Buch gar nicht.